Jenny Preunkert
Eine Soziologie der Staatsverschuldung

Jenny Preunkert

Eine Soziologie der Staatsverschuldung

Über die Finanzialisierung, Transnationalisierung und Politisierung von Staatsschulden in der Eurozone

Die Autorin

Jenny Preunkert, Dr., hat die Vertretungsprofessur mit Schwerpunkt Vergleichende Soziologie am Institut für Soziologie an der Universität Duisburg-Essen inne.

Förderung im Rahmen der Forschergruppe Horizontale Europäisierung durch die Deutsche Forschungsgemeinschaft (DFG) (grant No. HE 2174/12-1).

Das Werk einschließlich aller seiner Teile ist urheberrechtlich geschützt. Jede Verwertung ist ohne Zustimmung des Verlags unzulässig. Das gilt insbesondere für Vervielfältigungen, Übersetzungen, Mikroverfilmungen und die Einspeicherung und Verarbeitung in elektronische Systeme.

Dieses Buch ist erhältlich als:
ISBN 978-3-7799-6196-3 Print
ISBN 978-3-7799-5499-6 E-Book (PDF)

1. Auflage 2020

© 2020 Beltz Juventa
in der Verlagsgruppe Beltz · Weinheim Basel
Werderstraße 10, 69469 Weinheim
Alle Rechte vorbehalten

Herstellung: Ulrike Poppel
Satz: Helmut Rohde, Euskirchen
Druck und Bindung: Beltz Grafische Betriebe, Bad Langensalza
Printed in Germany

Weitere Informationen zu unseren Autor_innen und Titeln finden Sie unter: www.beltz.de

Inhalt

1. Einleitung	7
2. Märkte für Staatsschulden als Figurationen der Macht	13
2.1 Inlands- und Auslandsschulden im ökonomischen Diskurs	14
2.2 Bestimmung von Märkten für Staatsschulden: die Akteure und ihre Rollen	17
2.3 Bestimmung der Märkte für Staatsschulden: Strukturen und Machtbeziehungen	20
2.4 Staatsschulden an der Schnittstelle von Markt und Politik	27
3. Die europäischen Regeln eines Markts für Staatsschulden: ihre Entstehung, Institutionalisierung und Reformulierung	29
3.1 Nationalstaaten und ihre Regeln, Währungen und Märkte	30
3.2 Das Entstehen eines europäischen Rechtsrahmens	33
3.3 Strukturen und Folgen des europäischen Rechtsrahmen für Staatsverschuldung: die triadischen Beziehungen der Regierungen	36
3.4 Die Eurozone und ihre Regeln und Beziehungen	40
4. Finanzialisierung des Staatsschuldenmanagements und der Märkte für Staatsschulden	42
4.1 Formen der Finanzialisierung des Managements der Staatsverschuldung	43
4.2 Nationale Finanzialisierung von Marktstrukturen und Verschuldungsstrategien: die 1970er- und 1980er-Jahre	47
4.3 Transnationale Finanzialisierung von Marktstrukturen und Verschuldungsstrategien	54
4.4 Unterschiedliche Stufen der Finanzialisierung und ihre ökonomischen und politischen Folgen	58
5. Eine transnationale Perspektive: Schuldenbeziehungen als Zentrum- und Peripherie-Strukturen	61
5.1 Inländische und ausländische Marktbeziehungen auf den Märkten für Staatsschulden	62
5.2 Öffnungen der nationalen Schuldenbeziehungen	66
5.3 Marktbeziehungen und ihre Investoren	68
5.4 Europäische und globale Verdichtungen	77
5.5 Marktbeziehungen als transnationale Machtfigurationen	82

6.	**Die politischen Strukturen des transnationalen Marktes für Staatsschulden**	**84**
6.1	Krisenpolitik: Krisendiagnosen und Krisenmaßnahmen	85
6.2	Die europäischen Rettungsprogramme: Gläubiger- und Schuldnerregierungen	88
6.3	Europäische Zentralbank: Whatever it takes	100
6.4	Triadische Machtbeziehungen auf dem gemeinsamen Markt für Staatsschulden	105
7.	**Die zwei Seiten der Krise**	**108**
7.1	Die Rettungsprogramme und ihre Konditionen	109
7.2	Sozialschutz und der Umbau des Sozialstaates	111
7.3	Sozialschutz im öffentlichen Sektor?	113
7.4	Bekämpfung von Arbeitslosigkeit in Zeiten der Krise	115
7.5	Asymmetrische Machtfigurationen in den Rettungsprogrammen	117
8.	**Fazit**	**120**
Literatur		**133**

1. Einleitung

Ein Gespenst geht um in Europa – das Gespenst der Staatsschulden. Die gesellschaftliche Relevanz und politische Bedeutung von Staatsschulden stellt heutzutage kaum jemand mehr infrage (vgl. Grande und Kriesi 2015). Das Ziel einer „schwarzen Null" (Haffert 2016) am Ende eines Haushaltsjahres ist an die Spitze der politischen Agenden der europäischen Regierungen gerückt, dem auch mal andere Politikthemen untergeordnet werden. Warum und mit welchen ökonomischen, politischen und sozialen Folgen es zu diesem Bedeutungsaufstieg gekommen ist, rekonstruieren zahlreiche aktuelle Studien (z. B. Blyth 2014a; Streeck 2013). Ihre gemeinsame Geschichte lautet vereinfacht und auch ein wenig überspitzt gesagt in etwa so: Ab den 1970ern wurde die bis dahin dominante keynesianische Wirtschafts- und Fiskalpolitik wegen steigender Arbeitslosenzahlen, aber auch aufgrund einer ideologischen Neuorientierung der Regierungen verworfen. „Ende der 1980er Jahre waren die keynesianischen Lehren durch ‚neue klassische' Wirtschaftsauffassungen ersetzt worden, die von einer rationalen Erwartungsökonomie getragen wurden, die wenig Wert auf ein aktives makroökonomisches Management legte und die die Wurzeln von Beschäftigung und Wachstum auf der Angebotsseite der Wirtschaft lokalisierte" (Hall 2014, S. 1224, Übersetzung der Autorin). Wirtschaftswachstum sollte nun durch eine „Entfesselung" der Marktkräfte erreicht werden. Als ein erfolgversprechender Entfesselungstrick galt neben den viel diskutierten, politisch durchgesetzten oder zumindest angestoßenen Liberalisierungs- und Globalisierungsprozessen der Märkte (vgl. Beck und Poferl 2010, Major 2013, Müller 2002, Narr und Schubert 1994, Zürn 1998) die steuerliche Entlastung von Unternehmen und wohlhabenden Bürgern, die – so die Idee – das gesparte Geld in vielversprechende Wirtschaftsprojekte investieren und so zu einem Wirtschaftswachstum beitragen würden. Da es jedoch den Regierungen für das eigene politische Überleben ratsam und für den sozialen Frieden im eigenen Land notwendig schien, staatliche Ausgaben und hier insbesondere die sozialpolitischen Leistungen nicht im gleichen Maße wie die Steuererleichterungen zu kürzen, begannen sie verstärkt, sich über Schulden zu finanzieren (vgl. Streeck 2013). Denn es „blieb die Kluft zwischen den Versprechungen des Kapitalismus und den Erwartungen seiner Klientel und dem, was die immer mächtiger werdenden Märkte herzugeben willens waren, nicht nur bestehen, sondern nahm weiter zu und musste unter veränderten Bedingungen und mit neuen Mitteln, wie notdürftig auch immer, abermals politisch überbrückt werden. *Dies war der Beginn der Ära der Staatsverschuldung*" (Streeck 2013, S. 64, kursiv im Original). Der Anstieg der staatlichen Schuldenquote ist daher nichts anderes als die Kehrseite des Aufstieges einer „neoliberalen Wirtschaftsordnung". Der erste Teil der Geschichte besagt somit, dass mit der Etablierung der neoliberalen Wirtschaftsordnung ein Anstieg der Staatsschuldenquote einherging.

Der zweite Teil der Geschichte beschäftigt sich dann mit dem *Aufstieg des Konsolidierungsstaates*. Waren die 1970er- und 1980er-Jahre gekennzeichnet von der Gleichzeitigkeit einer dem neuen neoliberalen Paradigma verpflichteten Wirtschaftspolitik und einem Festhalten an den „alten" Grundsätzen der Ausgaben- und Sozialpolitik, wurden in den 1990er-Jahren die Ideen des Sparens und der Haushaltskonsolidierung zum hegemonialen Politikprojekt (vgl. Streeck 2013, Blyth 2014a). Nachdem die Steuern und Einnahmen gesenkt worden waren, sollte nun auch die Ausgabenseite dem neuen Staatshaushalt angepasst werden (vgl. Blyth 2014a, 2014b). (Sozial-)staatliche Leistungen galten nicht länger als Kollektivgüter für die Bürger, sondern auch als Kostenfaktor, der zu einer (zu hohen) Staatsverschuldung beitrug und der zu senken war (vgl. Major 2013). Durch eben diese Konsolidierung des Staatshaushaltes sollte Gläubigern die Sicherheit vermittelt werden, dass die Regierungen ihre Kredite zurückzahlen können und „im Zweifelsfall ihre Ansprüche gegenüber denen der Bürger mit Vorrang bedient werden und werden können" (Streeck 2013, S. 159). Konsolidierungsstaat meint somit in dieser Lesart nicht nur, dass die Regierungen versuchen, ihre Schulden abzubauen, was mit einer Verkleinerung des staatlichen Aufgabenfeldes einhergeht.[1] Genauso wichtig ist in dieser Interpretation der Geschichte auch, dass sich die Regierungen mit diesen Maßnahmen den Vorgaben der Finanzmarktakteure anpassen und sich deren Interessen unterordnen. Die Macht der Investoren über die Regierungen nimmt zu, während der Einfluss der Bürger schwindet (vgl. Streeck 2013; Major 2013).

Der Aufstieg des Konsolidierungsstaates wird trotz aller nationalen Spielarten als globales Phänomen gewertet (vgl. Streeck 2013; Blyth 2014a). In der EU wird er gleichwohl in engem Zusammenhang mit dem europäischen Integrationsprozess gesehen (vgl. Höpner und Schäfer 2010). „Dank des EU-Binnenmarktes können Unternehmen und Investoren sehr viel besser wirtschaftliche Macht dadurch ausüben, dass sie mit Abwanderung an einen anderen Investitions- und Beschäftigungsstandort (*exit*) drohen und damit einen fiskalischen und regulatorischen Unterbietungswettbewerb zwischen den Mitgliedstaaten anregen; denn diese sind aus internen fiskalischen und beschäftigungspoliti-

---

1 Staatliche Leistungen wurden in diesem Zusammenhang entweder gekürzt, abgeschafft, oder privatisiert (vgl. Streeck 2013). Gleichzeitig wurden auf den Finanzmärkten die Möglichkeiten zur privaten Schuldenaufnahme ausgedehnt, an die Stelle einer hohen, öffentlichen Verschuldung trat in vielen Staaten eine erhöhte, private Verschuldung (vgl. Crouch 2008; Boyer 2012).

schen Gründen in der Regel bestrebt und darauf angewiesen, solcher Abwanderung nach Kräften vorzubeugen" (Offe 2016, S. 26). Der gemeinsame Binnenmarkt stärkt die Position der Investoren und zwingt die Regierungen, den Interessen der Investoren fiskal- und wirtschaftspolitisch gerecht zu werden. Die EU im Allgemeinen und der Euro im Besonderen sind in dieser Lesart Katalysatoren für den Aufstieg und die Manifestation des Konsolidierungsstaates in Europa.

Austerität wurde damit zum Mantra der europäischen Politik, der zufolge „die Wirtschaft durch eine Senkung von Löhnen, Preisen und öffentlichen Ausgaben wettbewerbsfähiger gemacht [wird, JP]. Erreicht wird dieses Ziel [angeblich] am besten, indem man das Budget, die Schulden und die Defizite des Staatshaushaltes reduziert" (Blyth 2014a, S. 24). Auch die globalen und europäischen Finanzmarktkrisen der letzten Jahre konnten dieser politischen Agenda-Setzung nichts anhaben, eher das Gegenteil ist der Fall (vgl. Nölke 2018; Boyer 2012): „Die [...] Bemühungen auf nationaler und internationaler Ebene um eine dauerhafte Konsolidierung der Staatsfinanzen sind, so gesehen, im Kern nichts anderes als eine Fortsetzung der neoliberalen Reformen der 1990er und 2000er Jahre mit einem einfallsreich ausgebauten Werkzeugkasten" (Streeck 2013, S. 111). Daher ist es auch wenig verwunderlich, dass auch die europäische Rettungspolitik im Zuge der Eurokrise in der Tradition des Konsolidierungsstaates verortet wird (vgl. Blyth 2014a; Bieling 2013; Streeck 2013).

Die traurige Moral der Geschichte ist, dass hinter dem Siegeszug des Konsolidierungsstaates und seiner nun unhinterfragten Akzeptanz eine Machtverschiebung steht. „Durch Umsetzen von Austeritätsmaßnahmen wie auch durch eine öffentliche Moralisierung fehlender haushalterischer Frugalität wurden Staatskredite in Gesellschaftsschulden transformiert" (Langenohl 2018, S. 405). Investoren haben an Macht und Einfluss dazugewonnen. Je nach Lesart wird angenommen, dass die Investoren die „Regierungen für politische Entscheidungen direkt durch die Kosten und Verfügbarkeit von Finanzmitteln belohnen oder bestrafen" (Hardie 2011, S. 141–142, Übersetzung der Autorin), oder aber erwartet wird, dass die Regierungen in einer Art vorauseilendem Gehorsam ihre Politik nach den Gläubigerinteressen ausrichten, in der Hoffnung, so Gläubigervertrauen in ihre Kreditwürdigkeit zu wahren. Schritt für Schritt sei der Einfluss des „Staatsvolks" zurückgegangen, während das „Gläubigervolk" an Macht über die Regierung, teils direkt, teils über den Umweg der EU, dazugewonnen habe (vgl. Streeck 2013, ähnlich argumentiert Beyer 2018).

Trotz dieser mehr oder weniger deckungsgleich erzählten Geschichte (Kritik an Streeck siehe Deutschmann 2014, der trotzdem eine ähnliche Geschichte rekonstruiert) herrscht unter den Soziologen Uneinigkeit, was nun zu tun ist. Die einen fordern eine Rückkehr zu den nationalen Währungen (vgl. Streeck 2013; Scharpf 2014; Bach 2015; mit Abstrichen auch Blyth 2014a; 2014b). Nur so könnten die Regierungen mithilfe ihrer nationalen Zentralbanken ihre

Schuldenberge reduzieren, eine zu ihren nationalen Gegebenheiten passende Wirtschaftspolitik betreiben und damit wieder auf die Füße kommen. Andere sehen dagegen den Grad der Verflechtung zwischen den europäischen Staaten und Märkten als zu weit fortgeschritten und damit die Kosten für ein Auseinandergehen als zu exorbitant an und plädieren deshalb für den Auf- und Ausbau einer politischen Union (vgl. Giddens 2014; Offe 2016).

Jenseits dieser unterschiedlichen abschließenden Bewertungen scheint die Geschichte der europäischen Staatsschulden erzählt zu sein. Auffällig ist jedoch, dass viel über das Anwachsen der Staatsschulden und den damit einhergehenden vermeintlichen Aufstieg der privaten Finanzinvestoren in der europäischen Einflusshierarchie geschrieben wurde, wenig jedoch über die Märkte für Staatsschulden selbst gesagt wurde (wenn, dann liegen bislang Fallstudien zum Staatsschuldenmanagement einzelner Regierungen vor, siehe Lemoine 2017; Massó 2016; Roos 2019; Trampusch 2015, 2019). Unterbeleuchtet blieb bislang, auf welchen ökonomischen und politischen Beziehungen, Strukturen und Institutionen die Kreditaufnahme der europäischen Regierungen vor und nach der Einführung des Euro und in der Krise beruhte. Wenn man jedoch die Politisierung[2] von Staatsschulden im Sinne einer „Priorisierung des Schulden- und vor allem des Zinsdienstes" (Langenohl 2018, S. 403–404) über andere politische Probleme in den transnationalen, aber auch nationalen Diskursen und Agenden in der Eurozone in den letzten Jahren verstehen möchte, kommt man nicht umhin, die Märkte für Staatsschulden und ihre Wandlungsprozesse genauer zu betrachten und zu fragen, bei wem sich die Regierungen im Rahmen welcher Beziehungen und institutionellen Strukturen verschulden und welche politischen Konsequenzen die jeweiligen Kreditbeziehungen haben. Kurz: Wer das oft genutzte Argument der staatlichen Abhängigkeit von den Finanzmärkten auf seine empirische Substanz hin prüfen möchte, muss fragen, über wie viel Autonomie die Regierungen der Eurozone auf den Finanzmärkten verfügen.

Dass Märkte institutionell gerahmt sind, ist fast schon ein soziologischer Allgemeinplatz. Die Institutionen definieren die Spielregeln eines Marktes und legen dabei fest, welche Handlungsspielräume die beteiligten Akteure haben (vgl. Fligstein 2001; Carruthers 2015). Dabei können die Regeln bestimmte

---

2   Politisierung der Staatsschulden meint hier also, dass ihre Bedeutung für die politischen Agenden der Regierungen und der EU und in den politischen Aushandlungsprozessen auf nationaler und europäischer Ebene gewachsen ist. Ausgeklammert wird dagegen die Frage, ob Staatsschulden an politischer Bedeutung für die europäische Bevölkerung dazugewonnen haben. Allgemein analysieren Rauh und Zürn (2014) die Politisierung der Leute durch die Krise. Die Bereitschaft der Bevölkerung zur fiskalpolitischen Solidarität zwischen Euromitgliedern in der aktuellen Krise untersuchen Lengfeld und Kroh (2016) sowie Lengfeld et al. (2015).

Marktkräfte fördern oder eben auch abschwächen. Damit stellt sich mir die Frage, auf welchen Institutionen nun Märkte für Staatsschulden beruhen. Hierbei interessiert mich vor allem, wie sich die institutionelle Rahmung durch die Einführung des Euro veränderte. Welche Kräfte werden im gemeinsamen Währungsraum gefördert und wo gibt es noch Gegenkräfte?

Aus der Wirtschaftssoziologie und der politischen Ökonomie ist auch bekannt, dass es bei der Kreditstabilität bzw. deren Krisenanfälligkeit einen Unterschied macht, ob ein Kredit bei einem speziellen Gläubiger wie einer Bank aufgenommen wird oder ob Wertpapiere auf den Finanzmärkten platziert werden (vgl. Hall und Soskice 2001; Hale 2007; Roos 2019; Tanaka 2006; Zysman 1983). Wie schaut es bei den europäischen Staatsschulden aus? Welche Beziehungen haben die europäischen Regierungen zu ihren privaten Gläubigern und wie haben sich diese Beziehungen im Lauf der Zeit verändert? Auch sind die Gläubiger und Investoren zu bestimmen. Denn nicht alle Erwerber und Halter von Staatsschuldtiteln müssen zwangsläufig die gleichen Motive und Interessen damit verfolgen. Gefragt wird deshalb, bei wem sich Regierungen verschulden, was deren Interessen und Verhaltensweisen sind und wie dies wiederum die Abhängigkeits- und Machtbeziehungen auf den Märkten beeinflusst.

Schließlich ist auch zu klären, welche Folgen und Auswirkungen die sogenannte Eurokrise auf die Staatsschuldenbeziehungen in der Eurozone hatte. Welche Beziehungen erweisen sich in der Krise als systemrelevant? Und welche Kräfte werden durch die europäische Krisenpolitik gefördert bzw. welche werden abgeschwächt? Untersucht wird in den folgenden Kapiteln einmal, wie sich die Beziehungen der Regierungen zu ihren Investoren mit der Einführung des Euro verändert haben. Des Weiteren wird rekonstruiert, wie die Krise das Verhältnis Markt und Staat verändert hat.

Um ein umfassendes Verständnis von Staatsschuldenbeziehungen und ihren Dynamiken in der Eurozone erlangen zu können, sind einige Vorarbeiten nötig: Zunächst gilt es zu bestimmen, wer die Akteure auf den Märkten für Staatsschulden sind, welche Rolle sie hierbei einnehmen und in welchen (Macht-)Beziehungen sie zueinanderstehen (Kapitel 2). Darauf aufbauend wird untersucht, wie sich die Marktregeln durch die Einführung des Euro veränderten (Kapitel 3). Argumentiert wird hier, dass in der Eurozone die institutionellen Spielregeln europäisiert wurden. Im nächsten Kapitel steht die Selbstpositionierung der Regierungen, genauer der Staatsschuldenmanager, im Zentrum (Kapitel 4). Hier wird deutlich, dass im Wettbewerb um die Gunst international agierender Investoren und zur Senkung der Kosten Staatsschulden zunehmend marktkonform wurden. Durch ihre Finanzialisierung konnten neue Investorengruppen erschlossen werden, allerdings um den Preis, abhängiger und verletzlicher gegenüber Marktentwicklungen zu sein. Die Investoren, ihre Interessen und Verhaltensweisen werden daran anschließend betrachtet (Kapitel 5). Dabei wird deutlich, dass die europäischen Regeln der Eurozone eine Öffnung und damit eine Transnationalisierung der Staatsschuldenbeziehungen zur Folge haben. Schließlich werden in zwei Kapiteln die Krise und die Krisenverarbeitung analysiert. Zunächst wird untersucht, wie sich die Schuldenbeziehungen im Lauf der Krise veränderten (Kapitel 6). Mit den europäischen Krisenmaßnahmen betraten neue Akteure den Markt, d. h. die Machtfigurationen erweiterten sich um (neue) öffentliche Kreditbeziehungen, diese traten (temporär) an die Stelle der Schuldenbeziehungen zu privaten Investoren. Um die politischen Konsequenzen der neuen Marktbeziehungen geht es im anschließenden Kapitel (Kapitel 7). Gezeigt wird, dass diese Prozesse der Definanzialisierung nicht die Handlungsspielräume der Regierungen vergrößerten. Das Gegenteil war der Fall. Regierungen, die öffentliche Kredite annehmen mussten, wurden einem harten Spardiktat unterworfen. Zwar nimmt die europäische Krisenpolitik die sozialen Folgen der Krise durchaus wahr, alleine ihre Bekämpfung wird der Marktstabilität untergeordnet.

In dem Buch wird die These entwickelt, dass Staatsschuldenbeziehungen in der Eurozone ein Zusammenspiel aus privaten und öffentlichen Beziehungen in dynamischen Machtfigurationen sind. Dies bedeutet zum einen, dass der Autonomieverlust der Regierungen in der Eurozone weniger auf den Anstieg der Schuldenquote, sondern vielmehr auf die Prozesse der Transnationalisierung, Finanzialisierung und Politisierung der Staatsschuldenbeziehungen zurückgeht. Zum anderen wird deutlich, dass die dichotome Gegenüberstellung von Schuldnern und Gläubigern zu kurz greift. Denn es besteht auch ein hierarchisches Verhältnis innerhalb beider Gruppen. Machtvolle Gläubiger können schwachen Schuldnern gegenüberstehen, es kann aber auch umgekehrt der Fall sein.

2. Märkte für Staatsschulden als Figurationen der Macht

Märkte und ihre Bedeutung für gesellschaftliche Entwicklungen und damit als Erklärung von gesellschaftlichen Wandlungsprozessen sind in den letzten Jahren wieder verstärkt ins Zentrum der soziologischen Gesellschaftsanalyse gerückt worden (z. B. Beckert 2009, 2010; Fligstein 2001; Fligstein und McAdam 2012; Fourcarde 2007; Schimank 2009). Gemeinsam ist allen Studien, dass sie Regierungen eine zentrale Rolle bei der Stabilisierung von Märkten zuschreiben. Denn in modernen Gesellschaften sind es die Regierungen, die „Eigentumsrechte, Governance-Strukturen, das Handelsrecht und Kontrollmechanismen" durchsetzen (Fligstein 2001, S. 32–33, Übersetzung der Autorin). Die institutionellen Spielregeln gewähren Sicherheit und Planbarkeit und ermöglichen so wirtschaftliche Interaktionen. Ohne sie gäbe es demnach keine Märkte (vgl. Polanyi 1997). Dabei wird der Politik eine rahmende Rolle zugeschrieben und klar zwischen ökonomischen Aktivitäten und politischer Regulierung unterschieden. Vor einer Verquickung der beiden Bereiche wird gewarnt, denn sie gilt als „offen für Korruption" (Fligstein 2001, S. 46, Übersetzung der Autorin) und damit als nicht angemessen für moderne Märkte in demokratischen Staaten. Auf dem Markt bzw. den Märkten, die mich interessieren, agieren die Regierungen jedoch nicht nur zusammen mit den Parlamenten als Rahmengeber, sondern vor allem als Wirtschaftsakteure.

Um mögliche Handlungsspielräume, aber auch Abhängigkeiten der Regierungen theoretisch fassen zu können, werden im Folgenden die zentralen Akteure der Märkte für Staatsschulden und ihre Beziehungen zueinander rekonstruiert. Ein besonderes Augenmerk wird dabei auf das Zusammenspiel von Politik und Wirtschaft gelegt. Es wird zu diskutieren sein, wie Politik und Wirtschaft trotz der modernen Ausdifferenzierung von unterschiedlichen Systemen auf den Märkten für Staatsschulden zusammenspielen und wie diese speziellen Verflechtungen legitimiert werden. Argumentiert wird, dass Märkte für Staatsschulden niemals „normale Märkte" sein können, da Regierungen niemals „normale" Schuldner sind. Märkte für Staatsschulden sind immer soziale Arenen, in denen politische Interessen und wirtschaftliche Aktivitäten stärker als sonst aufeinandertreffen und miteinander interagieren. Gleichzeitig wird auch deutlich, dass es unterschiedliche Spielarten von Staatsschuldenmärkte gibt. Die politische Rahmung und Einflussnahme können größer oder kleiner sein, und je nachdem variiert auch die Autonomie der Regierungen auf den Märkten.

2.1 Inlands- und Auslandsschulden im ökonomischen Diskurs

Im Gegensatz zur Soziologie kennen und untersuchen Ökonomen schon seit längerem den politischen Einfluss auf Märkte jenseits der institutionellen Regeln auf der einen Seite und Korruption auf der anderen Seite. So gelten Inlandsschulden von Regierungen als weniger krisenanfällig, weil die Regierungen entweder unmittelbaren Druck auf die Gläubiger ausüben oder durch eine entsprechende rechtliche Handhabung deren Handlungsspielraum einschränken können oder weil sie mittelbar durch die Hilfe der Zentralbank ihre Schulden abbauen können (z. B. Hager 2016; Reinhart und Rogoff 2013). In eine ähnliche Richtung argumentieren auch alle die Studien, die einen Autonomieverlust der Regierungen in der Eurozone sehen (vgl. De Grauwe 2010; De Grauwe und Ji 2015; Eichengreen et al. 2003, Gros 2012). „Nationale Regierungen in einer Währungsunion verschulden sich in einer ‚fremden‘ Währung, d. h. in einer Währung, über die sie keine Kontrolle haben" (De Grauwe 2013, S. 520, Übersetzung der Autorin). Denn in der Eurozone verbieten die Regeln der Europäischen Zentralbank (EZB) faktisch eine direkte Kreditvergabe an die Regierungen und eine die Regierung entlastende Inflationspolitik (vgl. De Grauwe 2010; De Grauwe und Ji 2015; Eichengreen et al. 2003). In der Ökonomie und der politischen Ökonomie hat man somit ein Verständnis darüber, was die Märkte für Staatsschulden ausmacht, und welche Rolle die Politik für den Markt spielt. Eine einfache und dabei besonders eingängige Systematik über Staatsschuldenmärkte nutzen Reinhart und Rogoff (2013); zentrale Dimensionen der Märkte für Staatsschulden sind für sie: die Währung, in der eine Schuld emittiert wird, die Rechtsprechung, der der Kreditvertrag unterliegt, und die Frage, ob die privaten Gläubiger Inländer oder Ausländer sind.

Auslandsschulden sind Titel, „die unter der Rechtsprechung eines anderen Landes emittiert wurde und die typischerweise (aber nicht immer) auf eine Fremdwährung lautet und deren Gläubiger typischerweise zum größten Teil Ausländer sind" (Reinhart und Rogoff 2013, S. 59). Umgekehrt sind Inlandsschulden solche Titel, die „in inländischer Währung emittiert werden, der Gerichtsbarkeit des emittierenden Landes unterliegen und die […] von Inländern gehalten werden" (Reinhart und Rogoff 2013, S. 120). Dementsprechend unterscheiden Reinhart und Rogoff auch zwischen Auslands- und Inlandsschuldenkrisen, die zusammenfallen können, aber nicht müssen und die unterschiedliche Folgen für die betroffenen Regierungen haben.

Bei Auslandsschulden kann eine Schuldenkrise, d. h. „das Versäumnis einer Regierung, zum Stichtag […] die Schuldenzinsen oder die fällige Rückzahlungsrate zu begleichen" (Reinhart und Rogoff 2013, S. 58), dazu führen, dass die Regierung ihre Reputation verliert und in Zukunft von ausländischen Gläubigern kein (neues) Geld mehr oder nur noch mit einem entsprechenden Risikoaufschlag bekommt (vgl. Hager 2016, eine kritische Diskussion der Annahmen siehe Roos 2019). Die Höhe der von den Gläubigern geforderten Zinsen bestimmt sich dieser Lesart zufolge nicht nur aus der Höhe der staatlichen Schuldenquote, sondern auch aus den Erfahrungen der Gläubiger mit der Regierung. „Unter Umständen bedarf es vieler Jahrzehnte an kontinuierlicher Schuldentilgung und einer anhaltend niedrigen Schuldenquote" (Reinhart und Rogoff 2013, S. 81), um nach einer Schuldenkrise wieder einen stabilen Zugang zu Schuldtitel mit niedrigen Zinsen zu erlangen. Darüber hinaus können „schwache institutionelle Strukturen und ein problematisches politisches System" (Reinhart und Rogoff 2013, S. 71) zu deutlichen Zinsaufschlägen führen.[3]

Bei Inlandsschulden, d. h. „Gelder, die das Land sich selbst schuldet" (Reinhart und Rogoff 2013, S. 121), können vonseiten der Regierungen Repressalien gegenüber den Gläubigern „als Instrument verwendet werden, um die inländischen Schuldenmärkte auszubauen" (Reinhart und Rogoff 2013, S. 123). Die eigene Bevölkerung kann im Gegensatz zu ausländischen Gläubigern durch rechtliche Vorgaben und Kapitalkontrollen angehalten werden, Staatsschulden zu erwerben und/oder zu halten. Gleichzeitig können Inlandsschulden leichter durch eine Kombination aus Inflation und Abschottung der eigenen Finanzmärkte (wieder) abgebaut werden, was auch als „financial repression" bekannt ist (vgl. Reinhart und Sbrancia 2011; Bordo und Schwartz 1996). Für die Regierungen ist es damit leichter, Schulden im Inland zu erwerben, und auch leichter, diese wieder auf Kosten der Gläubiger zu reduzieren. Allerdings „kann ein Zahlungsausfall bei Inlandsschulden ein Auseinanderbrechen des sozialen Gefüges provozieren, das weit über die Fähigkeit hinausreicht, sich auch in Zukunft Geld zu beschaffen" (Reinhart und Rogoff 2013, S. 123). Auslandsschuldenkrisen bedrohen den Zugang zum internationalen Kapitalmarkt, Inlandsschuldenkrisen gehen demnach zulasten des sozialen Friedens im eigenen Land.

Fasst man die Ergebnisse zusammen, deutet sich zweierlei an: Für die Frage, welchen Handlungsspielraum bzw. welche Durchsetzungsmöglichkeiten Regierungen gegenüber ihren Gläubigern haben, ist demnach nicht nur entscheidend, wie gut oder schlecht ihre Bonität eingestuft wird, sondern auch bei wem, in welchem Rechtssystem und in welchem Währungsraum sie sich verschulden.

---

3 Diese Beobachtungen führten dazu, dass sie die Welt in drei Zonen einteilen: die hochentwickelten Staaten, welche stabile Rahmenbedingungen gewährleisten und sich im Ausland zu günstigen Konditionen verschulden können; die Schwellenländer, deren defizitärer Finanzsektor in Kombination mit instabilen politischen Strukturen in einer Auslandsverschuldung mit hohen Zinsaufschlägen resultieren, und die am niedrigsten entwickelten Staaten, welche weder über einen eigenen Finanzsektor verfügen noch Zugang zu den internationalen Finanzmärkten haben und sich deshalb primär bei anderen Regierungen und internationalen Hilfsorganisationen Geld leihen (vgl. Reinhart und Rogoff 2013).

So zeigen Reinhart und Rogoff (2013), welche fatalen Folgen Wechselkursschwankungen bei einer Emittierung in einer anderen Währung haben können. Des Weiteren wird darauf verwiesen, dass die Kreditkonditionen auch mit weiteren Faktoren wie politischer Stabilität eines Landes, früheren Erfahrungen der Gläubiger mit der Regierung, rechtlichen Zwängen der Regierung gegenüber den Gläubigern zusammenhängen. Die Beziehungen der Regierungen zu ihren Partnern auf den Märkten für Staatsschulden werden also nicht nur von der jeweiligen ökonomischen „nackten Interessenlage" (Kraemer 2012, S. 40), sondern auch von ihrer sozialen Einbettung bestimmt. Die Regierungen müssen deshalb bei Zahlungsschwierigkeiten abwägen, welche Konsequenzen für sie eher zu tragen sind. Empirisch zeigt sich hier, dass autoritäre Regierungen oft den Zugang zu internationalem Kapital einer Vermeidung von sozialen Unruhen im Land vorziehen, während demokratische Regierungen traditionell dem nationalen sozialen Frieden eine höhere Priorität einräumen (vgl. Roos 2019).

So eingängig sowohl die drei Dimensionen der Staatsschulden als auch die binäre Differenzierung Inlands- vs. Auslandsschulden auch sind, so wenig sind sie geeignet, die Strukturen der europäischen Märkte für Staatsschulden und deren Veränderung durch den Euro und die Krise zu rekonstruieren und verständlich zu machen. Denn mit den drei Dimensionen lassen sich nur Funktionslogiken von Staatsschulden beschreiben und die soziale Einbettung des Marktes exemplarisch nachzeichnen. Reinhart und Rogoff (2013) verzichten auch auf eine genauere theoretische Ausarbeitung ihrer Begrifflichkeiten oder um es mit ihren eigenen Worten zu sagen auf „die Beschreibung von Persönlichkeiten, politischen Strategien und Verhandlungen" (Reinhart und Rogoff 2013, S. 25). Weder können mithilfe ihrer Systematik die Beziehungen auf den Märkten noch deren Machtstrukturen nachvollzogen und analysiert werden. Soziologisch relevant ist es daher, die drei Dimensionen der Staatsschulden in die drei zentralen Akteure und ihre Rollen auf den Märkten für Staatsschulden zu übersetzen. Des Weiteren stößt man konzeptionell und empirisch an Grenzen, wenn die Verschuldung in einem transnationalen Währungsraum entlang der Differenz Inland/Ausland untersucht werden soll. Daher ist es notwendig, die unterschiedlichen Beziehungskonstellationen, die bei Reinhart und Rogoff vereinfachend unter der Differenz Inland/Ausland subsumiert werden, zu rekonstruieren und in ihrer Vielfalt auszubuchstabieren. Nur durch eine solche Übersetzung von ökonomischen Zuschreibungen in analytische, soziologische Begrifflichkeiten ist es möglich, die sich verändernden Machtbeziehungen auf den europäischen Märkten zu verstehen.

2.2 Bestimmung von Märkten für Staatsschulden: die Akteure und ihre Rollen

Eine Übersetzung der drei eben besprochenen Dimensionen von Staatsschulden in Akteurskonstellationen ergibt folgendes Bild (Grafik 2.1): Der Markt basiert auf den Beziehungen der Regierung zu ihren privaten Gläubigern, der eigenen oder einer fremden Zentralbank und zu den Gesetzgebern.

Grafik 2.1: Beschreibung eines Marktes für Staatsschulden

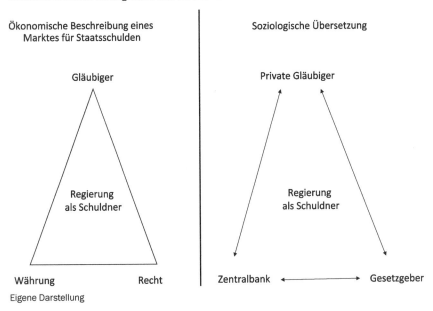

Eigene Darstellung

Untersucht man die *Beziehungen der Regierungen zu den Gläubigern*, sind die Interessen und Motive auf den ersten Blick banal: Private Gläubiger erwerben Staatsschuldtitel mit dem vorrangigen Ziel der Gewinnerwirtschaftung. Auf den zweiten Blick wird jedoch deutlich, so eindeutig ist die Sachlage nicht. So weisen nicht alle Gläubiger die gleiche Risikobereitschaft auf. Was unter einer lohnenswerten Investition (bei einem Abwägen von Risiko- und Gewinnaussichten) verstanden wird, darüber muss keine Einigkeit unter den Gläubigern herrschen (vgl. Aglietta und Breton 2001; Hager 2016; Hardie et al. 2013). Vielmehr lassen sich private Gläubiger, ihre Interessen und (Macht-)Beziehungen zu einer Regierung in verschiedene Gruppen untergliedern: Bei Privatpersonen wird oft angenommen, dass sie Schuldtitel der eigenen Regierung erwerben, weil sie darin eine risikoarme Kapitalanlage sehen (vgl. Bröker 1993). Es handelt sich hier um einen Kredit im traditionellen Sinne. Die Privatleute erstehen demnach einen staatlichen Schuldtitel, halten ihn die Laufzeit über und lassen sich an deren Ende die geliehene Summe mit Zinsen zurückzahlen. Auch Banken gelten traditionell als langfristig planende Gläubiger, welche den Schuldtitel als sichere Investition erwerben und auch halten (vgl. Hale 2007; Hall und Soskice 2001; Tanaka 2006).[4] Dagegen wird in der Finanzsoziologie von Investmentfonds oder andere Finanzmarktakteure erwartet, dass sie (staatliche) Schuldtitel erwerben, um mit ihnen gewinnbringend, kurzfristigen Handel zu betreiben (vgl. Aglietta und Breton 2001). Schuldtitel werden von ihnen gekauft, um sie schnellstmöglich, und damit vor dem Ende der Laufzeit, wieder gewinnbringend zu verkaufen. Eine Regierung verschuldet sich somit „im Normalfall" bei privaten Gläubigern und refinanziert hier auch ihre Schulden. Allerdings deutet sich an, dass diese weder unbedingt die gleichen Interessen verfolgen noch in derselben Beziehung zur jeweiligen Regierung stehen. Daher ist auch anzunehmen, dass diese auf drohende Zahlungsschwierigkeiten unterschiedlich reagieren. Möchte man die Machtbeziehungen zwischen einer Regierung und ihren privaten Gläubigern im Detail verstehen, erscheint es notwendig, die Interessen und die weiteren Beziehungen der Gläubiger zu der jeweiligen Regierung auszuleuchten.

Wenn Ökonomen unterscheiden, ob ein Schuldtitel in der eigenen oder einer fremden Währung emittiert ist, zielen sie in der Regel *auf die Rolle der Zentralbank* auf den Märkten für Staatsschulden ab (vgl. Hager 2016). „Zentralbanken spielen durch die Verfolgung einer soliden Geldpolitik eine entscheidende Rolle bei der Entwicklung und Aufrechterhaltung effizienter Märkte für Staatspapiere" (Weltbank und 2014 IWF, S. 49, Übersetzung der Autorin). Sie können mit ihrer Zins-, Wechselkurs- und Inflationspolitik die Märkte beeinflussen, sie können aber auch direkt als Gläubiger der Regierung fungieren. Allerdings verfolgen sie in dieser Rolle andere Interessen als private Gläubiger. Die Gründe, warum Zentralbanken Staatsschulden erwerben, sind vielzählig (vgl. Blommestein und Turner 2012; Bröker 1993; OECD 1982; 1983). Gemeinsam ist allen, dass Zentralbanken nie gewinnorientiert agieren, sondern stets die Stabilität des eigenen Währungsraums im Auge haben. Die Beziehung der Zentralbank zur eigenen Regierung ist als ambivalent zu bezeichnen, denn auf der einen Seite ist die Regierung der wichtigste wirtschaftliche Akteur und der wichtigste politische Stabilisator der eigenen Wirtschaft und damit der eigenen Finanzmärkte. Kommt eine Regierung ins Strauchein, dann strauchelt auch die übrige Wirtschaft. Daher ist es im Interesse der Zentralbank, die Regierung im Krisenfall zu stützen. Gleichzeitig ist die Zentralbank aber auch ihrer politischen Unabhängigkeit verpflichtet und muss sich gegen politische

---

4   Allerdings wird mittlerweile auch betont und empirisch gezeigt, dass sich die Handlungsstrategien der Banken ausdifferenziert haben und daher einige Banken nun nicht mehr als langfristig planende Investoren auftreten (vgl. Hardie et al. 2013).

Einflussnahmen schützen (vgl. Heinen und Herr 2008). Wichtig bei der Frage, ob und in welchem Umfang eine Zentralbank staatliche Schuldtitel erwirbt, sind daher neben ihren situationsbezogenen Interessen auch die rechtlichen Regelungen. Diese legen fest, aus welchen Gründen eine Zentralbank auf dem Markt für Staatsschulden aktiv werden und intervenieren darf, und in welchem Umfang (vgl. OECD 1983). Beispielsweise konnte die spanische Zentralbank Anfang der 1980er-Jahre Schuldtitel mit einem Volumen von bis zu zwölf Prozent des Staatshaushalts an die eigene Regierung vergeben (vgl. OECD 1983, S. 71), während die Deutsche Bundesbank Schuldtitel „bis zu einer Obergrenze von 6 Milliarden DM oder 5% der Haushaltsausgaben, je nachdem, welcher Betrag geringer ist" (OECD 1983, S. 69, Übersetzung der Autorin) an die deutsche Bundesregierung verleihen durfte. Die Zentralbank beeinflusst somit den Markt für Staatsschulden durch ihre Zins- und Inflationspolitik. Im Krisenfall wird ferner erwartet, dass sie der Regierung im Rahmen des rechtlichen Spielraums stützend zur Seite springt, um so eine Destabilisierung der Märkte zu vermeiden.

Als *dritter Akteur tritt der Gesetzgeber* auf den Plan; dieser definiert den rechtlichen Rahmen des Marktes und prägt so die Beziehungen der übrigen Akteure unter- und zueinander (vgl. Carruthers 2013; Carruthers und Ariovich 2010). Der Gesetzgeber legt u. a. fest, welche Kreditkonditionen legal sind und welche rechtlichen Klagemöglichkeiten Schuldner und Gläubiger zur Wahrung ihrer Rechte haben. Bei der Gesetzgebung ist die Übersetzung in eine soziologische Akteurskonstellation etwas komplizierter. In den meisten ökonomischen Studien (vgl. beispielsweise Reinhart und Rogoff; Bolton und Jeanne 2011) aber auch in sozialwissenschaftlichen Ansätzen (vgl. beispielsweise Graeber 2014) ist oft nur vom Staat die Rede. Bei einer Inlandsverschuldung verschuldet sich der Staat demnach auf einem Markt, für den er selbst die Regeln definiert. Ich konzentriere mich nicht jedoch auf Staaten, sondern auf Regierungen. Damit ist hier eine genauere Ausdifferenzierung notwendig: Denn es ist das Parlament, welches die Spielregeln des Marktes fest, nach denen die Akteure interagieren und ihre Interessen durchzusetzen versuchen können. Ziehen Regierung und Parlament an einem Strang, bedeutet dies, dass ein Marktteilnehmer und der rechtliche Rahmengeber gemeinsame Interessen haben und verfolgen. Dies stärkt die Machtposition der Regierung auf den Markt. Das Parlament kann die Regeln des Marktes zugunsten der Regierung definieren. Darüber hinaus kann es rechtlich auch in den Markt intervenieren, etwa indem sie staatliche Wertpapiere als risikolos einstuft, sodass für diese keine Sicherheiten hinterlegt werden müssen (vgl. Bolton und Jeanne 2011). In diesem Fall schafft es „künstliche" Anreize, Staatsschulden zu erwerben. Auch kann das Parlament der Zentralbank, wie oben angedeutet, sowohl den rechtlichen Handlungsspielraum einräumen, auf den Märkten für Staatsschulden zu agieren, als auch dazu verpflichten, der Regierung in Krisenfällen zur Seite zu springen (vgl. Ingham

2004). Regierungen verfolgen somit ihre ökonomischen Interessen auf Märkten, deren Spielregeln das Parlament festlegt. Damit stellt sich die empirisch offene Frage, welche politischen Gestaltungsmöglichkeiten die Regierungen durch die rechtlichen Spielregeln im konkreten Fall haben und wie dies legitimiert wird.

Nach dieser ersten soziologischen Annäherung an die Märkte für Staatsschulden lassen sich deren Akteure und ihre Rollen wie folgt beschreiben: Es gibt die Regierungen, die sich auf den Märkten Geld leihen. Erworben werden die Schuldtitel im Normalfall von privaten Gläubigern, die dabei jedoch unterschiedliche Interessen verfolgen können. Es ist daher zu einfach, von den Investoren an sich zu sprechen. Vielmehr ist zu erwarten, dass sich ihre Strategien und ihr Verhalten gegenüber der Regierung auch und gerade im Krisenfall voneinander unterscheiden werden. Daneben ist die Zentralbank auf dem Markt tätig, sie beeinflusst auf der einen Seite die Entwicklungen des Marktes durch ihre Zins-, Wechselkurs- und Inflationspolitik, sie kann aber auch direkt auf dem Markt intervenieren und als Gläubiger der Regierung in Erscheinung treten. Schließlich setzen die Gesetzgeber den rechtlichen Rahmen fest und können hier als Verbündete der Regierung in Erscheinung treten. Es ist jedoch eine empirisch offene Frage, ob sie dies stets im nationalen und erst recht im europäischen Rahmen tun. Ein Markt für Staatsschulden ist daher prinzipiell von wechselnden Beziehungskonstellationen geprägt, die sich auch noch wechselseitig beeinflussen können.

2.3 Bestimmung der Märkte für Staatsschulden: Strukturen und Machtbeziehungen

Die zentralen Akteure des Marktes für Staatsschulden wurden im letzten Abschnitt benannt und ihre Aufgaben skizziert. Nun gilt es, die Handlungsspielräume und -zwänge der Regierungen auf den Märkten für Staatsschulden zu bestimmen. In der Ökonomie und der politischen Ökonomie wird hierzu zwischen Inlands- und Auslandsschulden unterschieden. Angenommen wird, dass Regierungen bei Inlandsschulden große Handlungsspielräume haben und bei Auslandsschulden großen Handlungszwängen unterworfen sind. Im Folgenden werden diese territorialen Zuschreibungen in Akteurskonstellationen und Machtbeziehungen übersetzt. Leitend ist die These, dass sich die unterschiedlichen Akteurskonstellationen wechselseitig beeinflussen und sich die Handlungsspielräume und -zwänge von Regierungen aus dem Zusammenspiel der unterschiedlichen Machtfigurationen ergeben.

Im Zentrum meines Arguments stehen die Abhängigkeitsbeziehungen und Machtverhältnisse, die auf den Märkten für Staatsschulden herrschen. Aus der

Soziologie ist bekannt, dass Macht ein „soziales Verhältnis" ist, da man Macht nie „für sich alleine", sondern nur „in Bezug auf andere Personen" (Imbusch 2010, S. 13) besitzen kann. Eine gängige Definition von Macht, der viele wohl auch im alltäglichen Sprachgebrauch zustimmen würden, lautet, dass Machtausüben bedeutet, dass Ego seinen Willen und seine Interessen gegen den Willen und die Interessen von Alter erfolgreich durchsetzen kann. „Macht bedeutet jede Chance, innerhalb einer sozialen Beziehung den eigenen Willen auch gegen Widerstreben durchzusetzen, gleichviel worauf diese Chance beruht" (Weber 1972, S. 28). Einer ähnlichen Logik folgen auch alle die Studien, die betonen, dass die Regierungen durch einen Anstieg ihrer Staatsverschuldung nicht nur abhängiger von Investoren geworden sind, sondern Letztere dadurch auch über mehr politischen Einfluss und politische Macht verfügen würden (vgl. Blyth 2014a; Hardie 2011; Streeck 2013). Durch den Anstieg der staatlichen Verschuldungsquote könnten die Investoren die „Regierungen für politische Entscheidungen direkt über die Kosten und durch die Verfügbarkeit von Finanzmitteln belohnen oder bestrafen" (Hardie 2011, S. 141–142, Übersetzung der Autorin). Dagegen lässt sich jedoch einwenden, dass es zwar stimmt, dass ein Anstieg der Verschuldungsquote die Abhängigkeit der Regierung von ihren Gläubigern erhöht. Allerdings ist fraglich, ob dies automatisch einen Machtzugewinn für die Investoren zur Folge hat.

Machtausübung wird in dieser Arbeit nicht allein als einseitiges Durchsetzen der eigenen Interessen verstanden. Vielmehr schließe ich an Oppenheim an, der betont: „Das Wort ‚Macht' bezieht sich nicht nur auf das Drei-Begriffe-Verhältnis der sozialen Macht, ‚P hat die Macht, dass R x tut', sondern auch auf das Zwei-Begriffe-Verhältnis: ‚P hat die Macht, x zu tun'." (1981, S. 29, Übersetzung der Autorin) Investoren oder andere Akteure des Marktes können Macht ausüben und die Verschuldungsstrategien der Regierungen in ihrem Sinne beeinflussen und dominieren, genauso wie die Regierung anderen Marktteilnehmern ihren Willen aufzwingen kann, beides fällt unter die Beziehungen „power over". Bei der Frage nach den Machtverhältnissen geht es aber auch darum, wie viel Autonomie die Regierungen haben, ihre Verschuldungsstrategien nach ihren eigenen Interessen und Intentionen zu gestalten, also über wie viel „power to" sie verfügen. Die Regierungen müssen sich entsprechend ihrer Position auf dem Markt nicht nur fragen, wie stark und in welchem Umfang sie ihre Interessen gegenüber ihre Gläubigern durchsetzen können, sondern auch, in welchen Umfang sie die Interessen und Vorstellungen des anderen berücksichtigen müssen und inwieweit sie ihre eigenen Strategien nach ihren eigenen Vorstellungen gestalten können.

Wie ergeben sich nun die Positionen einer Regierung auf dem Markt? Im Zentrum der aktuellen Debatten steht meist die Abhängigkeit der Regierungen von den Investoren, wenn sie sich refinanzieren müssen (z. B. Streeck 2013 oder Hardie 2011). Dabei wird übersehen, dass Schulden immer auf einer wechselseitigen Abhängigkeit und Macht beruhen: „Das Konzept Schulden beinhaltet ein komplexes Machtverhältnis zwischen Gläubiger und Schuldner, vermittelt durch Institutionen, die Rechte und Pflichten zwischen Parteien verteilen." (Massó 2016, S. 170, Übersetzung der Autorin, siehe auch Carruthers und Ariovich 2010). Wenn ein Akteur sich Geld leihen möchte, braucht er jemand, der dazu bereit ist. Wer Geld verleiht, der muss umgekehrt darauf vertrauen und ist davon abhängig, dass dieses am Ende der Laufzeit (mit Zinsen) zurückgezahlt wird. Damit stellt sich bei den hier skizzierten basalen Schuldenbeziehungen nicht nur die Frage, wie abhängig die Regierung von den Investoren ist, sondern auch, wie abhängig diese von der Regierung sind. Mit Simmel (1992) sind Schuldenbeziehungen also als wechselseitige Beziehungen zu verstehen, oder um es mit Elias (1981, S. 12) zu sagen, sie sind „Interdependenzgeflechte oder Figurationen mit mehr oder weniger labilen Machtbalancen". Bleibt man zunächst einfachheitshalber bei einer bilateralen Kredit- und damit Machtbeziehung, dann wird auch schon hier deutlich, dass es nicht einen klar Herrschenden und einen klar Beherrschten gibt. Vielmehr sind beide Akteure (Gläubiger und Schuldner) voneinander abhängig und können so wechselseitig Macht übereinander ausüben. Entscheidend für die Klärung der jeweiligen Macht- und Autonomiepotenziale beider Seiten in einer bestimmten Situation ist damit die Frage, wer zu einem bestimmten Zeitpunkt den anderen mehr braucht und mehr von ihm abhängt. Hinzu kommt, dass auf einem Markt für Staatsschulden an die Stelle von klassischen Krediten Anleihen treten und hier die Schuldenbeziehungen nicht mehr bilaterale Interaktionen sind, sondern sie eingebunden sind in ein Geflecht an Beziehungen (vgl. Carruthers 2013). „Wo drei Elemente A, B, C eine Gemeinschaft bilden, kommt zu der unmittelbaren Beziehung, die zum Beispiel zwischen A und B besteht, die mittelbare hinzu, die sie durch ihr gemeinsames Verhältnis zu C gewinnen" (Simmel 1992, S. 114). Um die Machtstrukturen auf den Märkten für Staatsschulden verstehen zu können, müssen somit sowohl die unmittelbaren Kontakte und Beziehungen als auch die mittelbaren von Bedeutung berücksichtigt werden. „Es gibt nicht nur den Mächtigen, den Mindermächtigen oder Ohnmächtigen, sondern auch Dritte und Vierte, die am Machtspiel beteiligt sind" (Sofsky und Paris 2016, S. 13). Die Beziehungen auf den Märkten von Staatsschulden werden hier deshalb als Machtfiguration zwischen verschiedenen Akteuren verstanden und damit als „ein komplexes Geflecht asymmetrischer und wechselseitiger Beziehungen, in dem mehrere Personen, Gruppen oder Parteien miteinander verknüpft sind und in dem Veränderungen einer Relation auch die anderen Relationen verändern" (Sofsky und Paris 2016, S. 13–14). Untersucht werden muss daher, welche Position eine Regierung in dem Beziehungsgeflecht aus privaten Gläubigern, Zentralbank und Gesetzgeber einnimmt. Zu erwarten ist, dass der Grad der Abhängigkeit und damit die Machtbalancen von Beziehung zu Beziehung variieren oder sich auch im Lauf einer Beziehung verändern können.

Inländische Gläubiger gelten gemeinhin als geduldiger als ausländische Gläubiger. Das heißt, es wird erwartet, dass inländische Gläubiger „eine Schlüsselrolle spielen, wenn es die Ächtung durch verängstigte ausländische Investoren zu kompensieren gilt" (Merler und Pisani-Ferry 2011, S. 2, Übersetzung der Autorin) und einer Regierung auch in schwierigen Zeiten weiterhin Geld leihen. Wie nun wird diese Geduld begründet und erklärt, die auch mit Loyalität gleichgesetzt wird (vgl. Hardie 2011)? Entscheidend ist hier die erwartete Abhängigkeit der inländischen Investoren von der Regierung (vgl. Culpepper und Reinke 2014). Eine Variante der Geschichte geht in etwa so: Es sind vor allem inländische Gläubiger, die einer Regierung Geld leihen. Die Regierungen sind demnach davon abhängig, dass diese Gläubiger dauerhaft bereit sind, ihre Schulden zu refinanzieren. Umgekehrt erhöht jeder weitere Schuldtitel das Risiko eines Gläubigers, bei Zahlungsschwierigkeiten des Schuldners selbst ins Straucheln zu geraten. Machttheoretisch bedeutet daher ein Anstieg der Staatsschuldenquote, dass in diesem Fall nicht nur die Regierung abhängiger von der Finanzierungsbereitschaft der Gläubiger wird, sondern die Gläubiger durch das wachsende Schuldenvolumen auch abhängiger von der Regierung werden. Denn sollte diese die Rückzahlungen einstellen, schlägt dies für den Gläubiger umso stärker zu Buche, je größer der Schuldenberg ist. Eine andere Variante der Geschichte zielt auf die Bedeutung der Regierung für die heimischen Märkte ab. Regierungen sind die wirtschaftlich stärksten Akteure der nationalen Märkte (vgl. Cohen 1998). Sprich, erwartet wird, dass sie die nationalen Märkte politisch und wirtschaftlich dominieren; sie sind hier systemrelevant, d. h., ein Zusammenbruch von ihnen würde die Strukturen der nationalen Märkte gefährden, weshalb alle nationalen Akteure mit und auch ohne direkte Schuldenbeziehungen ein Interesse an ihrem Fortbestand haben. Mit Hardie (2011, S. 152) lässt sich damit über die inländischen Gläubiger sagen: ihre „Die Unfähigkeit zum Ausstieg [in Zeiten eines wachsenden Ausfallrisikos] kann aus ihrem großen Bestand an Staatspapieren resultieren, sowohl im Verhältnis zur Größe des Marktes als auch zu ihrem Gesamtvermögen, und aus ihrer Unfähigkeit zum Ausstieg, kurz vor dem vollständigen Abschluss ihres Inlandsgeschäfts im Allgemeinen." (Übersetzung der Autorin) Trotz aller Globalisierungs- und Europäisierungsprozesse wird damit erwartet, dass Investoren so verwurzelt in die heimischen Märkte sind, dass ein Rückzug hier nicht möglich ist.

Übersetzt heißt die Differenz von Inlands- und Auslandsgläubiger also: Mit Inlandsgläubiger werden Gläubiger assoziiert, deren eigenes finanzielles und wirtschaftliches Überleben eng mit der finanziellen Stabilität der Regierungen verknüpft ist, sei es wegen des angehäuften Schuldenvolumens, sei es wegen der systemrelevanten Stellung der Regierung auf dem heimischen Markt. Sie sind damit abhängig von der Regierung und es wird erwartet, dass sie Schuldtitel zu Konditionen gewähren, die von Vorteil für die Regierung sind. Die Regierung hat zwar keine Macht, ihnen die Konditionen zu diktieren, wohl aber reduziert diese Abhängigkeit die Autonomie der heimischen Investoren, da sie schon aus eigennützigen Interessen das Wohl der Regierung bei ihren Investmentstrategien berücksichtigen müssen. Dagegen wird bei Auslandsgläubigern ein hohes Maß an Unabhängigkeit unterstellt. Zum einen werden eher niedrigere Schuldenvolumen erwartet, die im Krisenfall noch weiter ohne Gefahr für die eigene Stabilität reduziert werden können. Zum anderen wird eine enge Verwurzelung in einem anderen Markt vermutet, so dass eine Regierung für ausländische Investoren nicht systemrelevant ist. Auslandsgläubiger haben demnach kein Interesse an einer Stabilisierung der Regierung und werden sich im Krisenfall aus eigennützigen Gründen eher zurückziehen. Lange Zeit waren die europäischen Regierungen in der Tat vor allem im Inland verschuldet und die nationalen Märkte die zentralen wirtschaftlichen Handlungsarenen (vgl. Bröker 1993; Streeck 2013). Seit den 1970er-Jahren ist jedoch der Anteil an transnationalen Schuldenbeziehungen gestiegen, auch wurde gerade im Finanzsektor die Bedeutung der nationalen Märkte zugunsten von europäischen und globalen Geschäften zurückgedrängt (vgl. Preunkert 2016a; Roos 2019; Sahr 2017). Die Gegenüberstellung von inländischen Gläubigern mit einer hohen Abhängigkeit gegenüber der Regierung und ausländischen Gläubigern mit einer niedrigen Abhängigkeit erscheint daher fragwürdig bzw. als eine empirisch klärungsbedürftige Frage.

Die Machtbalancen zwischen Regierung und Investoren werden aber auch durch das Auftauchen von weiteren Akteuren beeinflusst. „Der Kredit hängt von den direkten Beziehungen zwischen dem Schuldner und dem Gläubiger ab, aber auch von der Verbindung, die beide zu Dritten haben" (Carruthers 2005, S. 366, Übersetzung der Autorin). Ein zentraler Akteur ist hierbei die Zentralbank. Sie kann durch ihre Politik, den Kauf von Schuldtiteln attraktiver oder aber weniger attraktiv machen. Darüber hinaus, und das wird mich im Folgenden noch mehr beschäftigen, kann sie als Gläubiger auf dem Markt in Erscheinung treten. Die Regierungen können sich dann entweder bei privaten Gläubigern und/oder bei der eigenen Zentralbank verschulden. Die beiden Gläubigergruppen verfolgen dabei unterschiedliche Interessen und Strategien. Die eigene Zentralbank tritt, wie oben bereits erwähnt, vor allem dann auf den Plan und als Gläubiger auf, wenn die Regierung in Zahlungsschwierigkeiten gerät, wenn private Gläubiger keiner weiteren Gelder zur Verfügung stellen oder sich gleich ganz aus dem Markt zurückziehen. Eine Zentralbank ist damit das Gegenteil eines „tertius gaudens" (Simmel 1992, S. 134), sie ist ein Verbündeter der Regierung, „d. h.[, dass] die Gruppierung sich in der gerade fraglichen Beziehung aus der Dreier- in die Zweierkonstellation zurückbildet" (Simmel 1992, S. 141). Damit verändert das Auftreten einer Zentralbank auch die Beziehung zwischen der Regierung und ihren privaten Gläubigern. Denn ein „Schuldner, der die Unterstützung anderer genießt, erhält mit größerer Wahrscheinlichkeit eine gute Bonität." (Carruthers 2005, S. 366, Übersetzung der Autorin). Es ist anzunehmen, dass die Autonomie der Regierung gegenüber den privaten Gläubigern wächst, wenn sie mit der eigenen Zentralbank einen Partner und Helfer an ihrer Seite weiß, der im Zweifelsfall einspringt. Aber auch die privaten Gläubiger werden anders kalkulieren, wenn sie sicher sein können, dass im Krisenfall die Zentralbank einspringen wird. Die Rolle der Zentralbank als Gläubiger der eigenen Regierung ist damit beides: zugleich marktstabilisierend, denn als Krisenmanager kann sie eingreifen, und marktdestabilisierend, denn sie kann die Sorglosigkeit von Regierung und Investoren fördern, die wissen, dass ihnen im Krisenfall zur Seite gesprungen wird. Dieser ambivalenten Rolle ist es auch geschuldet, dass die diesbezüglichen Handlungsoptionen der Zentralbanken stark reguliert sind bzw. im Lauf der Zeit immer enger definiert wurden. Sie ist auch eine oft genannte Begründung, warum die EZB faktisch nicht bzw. nur unter sehr strikten Auflagen im Rahmen der sogenannten und bis heute nicht genutzten geldpolitischen Outright-Geschäfte (Outright Monetary Programme) direkt Kredite an die Mitglieder der Eurozone vergeben darf (vgl. De Grauwe 2013; De Grauwe und Ji 2015). Inlandsschulden werden hier mit dem Auftauchen eines Verbündeten der Regierungen gleichgesetzt: Die Zentralbank unterstützt die Regierung, wenn private Gläubiger sich zurückziehen, und stärkt so ihre Position auf den Märkten für Staatsschulden. Dagegen konzentrieren sich fremde Zentralbanken auf die Stabilität ihrer Märkte und sind daher im Zweifelsfall keine Hilfe für fremde, strauchelnde Regierungen.

Schließlich muss noch geklärt werden, welche Auswirkungen der Gesetzgeber auf die Machtbalancen hat. Von Gesetzgebern wird oft erwartet, dass sie als „Schiedsrichter" (Simmel 1992, S. 126), zwischen widerstreitenden Positionen vermitteln und eine einvernehmliche Lösung finden. Voraussetzung für die Akzeptanz dieser Mittlerrolle ist die „Unparteilichkeit" (Simmel 1992, S. 126), mit der der Gesetzgeber die Spielregeln definiert. Wie bereits angesprochen wird in der Ökonomie oft nicht zwischen Parlament und Regierung differenziert, sondern nur vom Staat gesprochen, der in Personalunion Schuldner und Gesetzgeber ist (vgl. u. a. Reinhart und Rogoff 2013). In dieser Studie wird jedoch zwischen Parlament und Regierung differenziert. Auf nationaler Ebene kooperieren Parlament und Regierung tatsächlich wohl oft eng und gestalten den rechtlichen Regulationsrahmen des Marktes in ihrem gemeinsamen Sinne (vgl. Clare und Schmidlin 2014). Darüber hinaus gibt es auch Beispiele, dass sie die Handlungsmöglichkeiten der Investoren beschränken und „durch die Verabschiedung eines diesbezüglichen innerstaatlichen Gesetzes" (Zettelmeyer et al. 2013, S. 7, Übersetzung der Autorin) Druck auf Letztere ausüben. Die Regierung können damit traditionell durch eine Zusammenarbeit mit dem Gesetzgeber auf nationalen Märkten ihre Macht nutzen, um sowohl die eigenen Autonomiespielräume zu erweitern als auch direkt Einfluss auf die Strategien der Investoren zu nehmen. Wenn sich Regierungen dagegen nach den Gesetzen eines anderen Landes verschulden, ordnen sie sich schon immer nicht nur den Spielregeln eines anderen Staates unter, sie geben auch diese politische Einflussoption auf. Es ist nun ein anderes Parlament, das die Spielregeln definiert und eine andere Rechtsprechung, die bei Streitfragen urteilt. Für Regierungen gibt es vor allem zwei Gründe, diesen Weg einzuschlagen: einmal, wenn die nationale Nachfrage nach Staatsschulden zu gering zur Deckung des eigenen Bedarfs ist, und zum anderen, wenn Investoren der Regierung misstrauen und „die ausländische Rechtsstruktur als zusätzliches Sicherheitsmerkmal fordern" (Clare und Schmidlin 2014, S. 8, Übersetzung der Autorin). Dann kommt es bei Streitfragen zu einer weiteren Dreieckskonstellation, und zwar zwischen der Regierung, den privaten Gläubigern und einem fremden Gesetzgeber. Hier ist beides denkbar, dass der fremde Gesetzgeber als Unterstützer der Regierung auftritt oder dass er doch eher ein Verbündeter der privaten Gläubiger ist. Letzteres betont Graeber (2014). An historischen Beispielen kann er zeigen, dass der fremde Gesetzgeber in der Vergangenheit oft die Interessen der eigenen Finanzmärkte im Blick hatte und daher eher deren Position zulasten der säumigen Regierungen stärkte.

Inlandsschulden meint im Zusammenhang mit der Gesetzgebung also, dass eine Regierung ihre Position durch eine enge Kooperation mit dem Parlament stärken kann: Das Parlament als Gesetzgeber hat die Macht, die Spielregeln zu definieren, und kann in diesem Zusammenhang die Handlungsspielräume der Investoren rechtlich beeinflussen. Verschuldung im Inland bedeutet in diesem Kontext eine enge Verschränkung von ökonomischen Interessen und politischer Regulierung. Dagegen verlieren die Regierungen bei einer Verschuldung nach fremder Gesetzgebung nicht nur diese politischen Einflussmöglichkeiten. Erwartet wird auch, dass die privaten Gläubiger mit dem fremden Gesetzgeber einen Verbündeten gewinnen, der ihre Interessen rechtlich schützt und unterstützt. So eingängig die Differenz von Inlands- und Auslandsrecht aber auch sein mag und lange Zeit im nationalen Kontext vermutlich seine Berechtigung hatte, bleibt doch letztlich unklar, wie sich die Spielregeln und damit die Machtfigurationen durch den gemeinsamen Währungsraum mit einem gemeinsamen Recht gewandelt haben.

Zusammenfassend kann festgehalten werden: Die Differenz zwischen Inlands- und Auslandsschulden steht für eine jeweils sehr spezielle Machtfiguration. Bei Inlandsschulden verschuldet sich eine Regierung – in der ökonomischen Theorie – bei von ihr abhängigen Investoren. Auch steht ihr mit der Zentralbank ein Verbündeter zur Seite und sie kann in Kooperation mit dem Parlament die Spielregeln des Marktes gestalten. Es handelt sich also um einen Markt und um Machtfigurationen, die eng mit Nationalstaaten und damit mit der politischen Macht der Regierung auf dem eigenen Territorium verknüpft sind. Dagegen gelten die Handlungsspielräume der Regierungen bei Auslandsschulden als äußerst gering, da sie sich bei unabhängigen Investoren verschulden und weder über politische Einflussnahme noch über Verbündete verfügen. Eher das Gegenteil ist der Fall. Denn sowohl die fremden Zentralbanken als auch Gesetzgeber haben wohl mehr das Wohl der eigenen Märkte und Investoren im Blick und können daher eher als Verbündete der Investoren gelten. Inlands- und Auslandsschulden sind somit erst einmal Idealtypen, die mit speziellen Konstellationen in Verbindung gebracht werden. Empirisch gilt es nun zu klären, auf welchen Machtbalancen die Schuldenbeziehungen der europäischen Regierungen heute beruhen. Sind beispielsweise ausländische Gläubiger in Zeiten von zunehmend transnationalisierten Märkten noch immer per se von den Regierungen unabhängig und damit ungeduldige Investoren? Wie steht es um die Geduld der inländischen Gläubiger? Wie gestaltet sich der rechtliche Rahmen in der Eurozone? Und auf welche öffentlichen „Verbündeten" können die Regierungen in der Eurozone zurückgreifen? Darauf aufbauend kann dann diskutiert werden, wie die drei Machtbalancen zusammenspielen und welche Machtfigurationen sich hieraus ergeben.

2.4 Staatsschulden an der Schnittstelle von Markt und Politik

Im Zentrum des Buches stehen Machtbeziehungen auf dem transnationalen Markt für Staatsschulden der Eurozone. Damit knüpft die Studie an die soziologische Tradition an, die Bedeutung von Macht in sozialen Beziehungen zu betonen. Gleichzeitig wählt sie eine andere Perspektive auf Schuldenmärkte als bislang unter Soziologen üblich. Denn bisher konzentrierten sich Soziologen vor allem auf die Bedeutung von Vertrauen für das Bestehen und Funktionieren von solchen Märkten (vgl. z. B. Carruthers und Ariovich 2010; Carruthers 2013) und ignorierten weitgehend Fragen der Macht. Mit diesem Perspektivenwechsel soll es möglich werden, die Handlungsspielräume wie die Handlungszwänge der Regierungen in der Eurozone zu rekonstruieren und so Rückschlüsse auf die Märkte für Staatsschulden heute in Zeiten zunehmender Transnationalisierung und Finanzialisierung zu ziehen. Dabei wird auch untersucht, in welchen sozialen Kontext diese Schuldenbeziehungen eingebettet sind. Von zentraler Bedeutung wird sein, in welcher Beziehung oder gar in welchen Beziehungen die Regierungen, ihre Gläubiger, aber auch die Zentralbanken und Gesetzgeber zueinanderstehen. Machtstrukturen werden hier als Machtfigurationen verstanden, die Akteure sind nicht nur durch Verflechtungen miteinander verbunden, sondern auch wechselseitig voneinander abhängig. Sowohl die Regierung als auch ihre Gläubiger müssen sich demnach nicht nur fragen, welche Schuldtitel zu welchen Konditionen sie entweder platzieren oder erwerben wollen, sondern klären, was die Interessen ihres jeweiligen Gegenübers sind. Je asymmetrischer die Beziehungen sind, desto stärker ist zu erwarten, dass sich eine Partei durchsetzen kann bzw. ihre Autonomieräume nutzen kann. Welcher Akteur sich damit stärker durchsetzen kann, ist somit eine empirische Frage. Es kann nicht per se angenommen werden, dass die Investoren immer und automatisch am längeren Hebel sitzen.

Märkte von Staatsschulden unterscheiden sich durch ihre enge Verschränkung von politischer und ökonomischer Macht von anderen Märkten. Wie gezeigt konnten Regierungen lange Zeit mithilfe der Parlamente die Spielregeln der nationalen Märkte bestimmen. Aber auch jenseits dieser unmittelbaren legitimen politischen Einflussnahme vonseiten eines Marktakteurs lässt sich die besondere Stellung von Regierungen als Schuldner nicht leugnen. Gerade im nationalen Kontext dominierten Regierungen nicht nur wegen ihrer politischen Macht, sondern auch wegen ihrer wirtschaftlichen Dominanz die Märkte. Allerdings sind weder die Regeln des Marktes noch die politische Einflussnahme dauerhaft festgelegt. Vielmehr befinden sich die Beziehungen von Markt und Politik im Fluss. Was heute als politisch legitime Intervention gilt, kann morgen schon ganz anders bewertet werden. Im Folgenden soll mit dem theoretischen Rüstwerkzeug das Entstehen, aber auch der Wandel des transnationalen Marktes für Staatsschulden in der Eurozone betrachtet werden. Untersucht wird, wie sich einzelne Machtbalancen verändern und wie sich dies auf die gesamten Machtfigurationen des Marktes auswirkt.

3. Die europäischen Regeln eines Markts für Staatsschulden: ihre Entstehung, Institutionalisierung und Reformulierung

Märkte entstehen durch Interaktionen. Allerdings kommen Geschäftsbeziehungen und damit Märkte nicht ohne institutionelle Regeln aus. Denn „die relative Stärke der Akteure ist in den regulativen institutionellen Regeln verankert, die bestimmte Verhaltensweisen zulassen und unterstützen und andere diskreditieren" (Beckert 2010, S. 610, Übersetzung der Autorin). Institutionen definieren, wer legitimer- und legalerweise auf einem bestimmten Markt aktiv werden darf und welche Handlungsoptionen diese Marktteilnehmer haben. Die institutionellen Bestimmungen eines Marktes erleichtern das Abschließen von manchen Geschäften und erschweren andere (vgl. Fligstein und McAdam 2012). Zu den institutionellen Rahmenbedingungen eines Marktes zählen neben den formellen Rechtsregeln auch alle Formen der informellen Marktregeln, alle zusammen ermöglichen und prägen die marktinternen Interaktionen und grenzen und schließen den Markt nach außen ab. So gelten u. a. die Durchsetzung eines nationalen Rechtskanons und die Etablierung einer nationalen Währung als zentrale Voraussetzungen für die Schaffung von nationalen Waren-, Dienstleistungs- und damit auch Finanzmärkten (vgl. Helleiner 2003; Polanyi 1997). Dementsprechend muss auch angenommen werden, dass auch die Märkte für Staatsschulden lange Zeit von nationalen Institutionen wie dem nationalen Recht und der nationalen Währung intern strukturiert und nach außen geschlossen wurden.

Mit der Einführung des Euro akzeptieren Regierungen nicht nur ein transnationales Zahlungsmittel, sie verpflichten sich auch, zahlreiche europäische Gesetze zu implementieren. Untersucht wird nun im Folgenden, welche neuen Rechtsinstitutionen bei der Einführung des Euro geschaffen wurden, inwieweit diese im Bereich der Staatsschulden marktschaffend waren und welche Folgen sie für die Handlungsspielräume der Regierungen im Bereich der Staatsverschuldung haben. Ein besonderes Augenmerk wird hierbei auf die Beziehungen der Regierungen zueinander gelegt und argumentiert, dass diese durch die neuen Regeln in eine neue Stufe des Wettbewerbs untereinander, aber auch der Abhängigkeit voneinander treten. Leitend ist damit im Folgenden die These, dass in dem gemeinsamen Währungsraum der Euro und seine europäischen Regeln nationale Handelsbarrieren zur Seite geräumt haben und so zu einer

Europäisierung der Marktinstitutionen beitrugen. Die Eurozone wird als ein europäischer Rechtsraum verstanden, dessen Institutionen die Beziehungen der Regierungen zu ihren Gläubigern und untereinander strukturieren und so die Voraussetzungen für einen transnationalen Markt für Staatsschulden schufen.

3.1 Nationalstaaten und ihre Regeln, Währungen und Märkte

Aus der historischen Soziologie ist bekannt, dass die Durchsetzung des nationalstaatlichen Gewaltmonopols auch die Schaffung nationaler Märkte begünstigte, wenn nicht gar bedingte. Erst ein nationalstaatlich institutionalisiertes Gewaltmonopol verschaffte dem nationalen Recht überall und ohne Unterschiede Geltung „und bereitete damit den Weg für einen nationalen Markt, der die Unterschiede zwischen Stadt und Land sowie zwischen den verschiedenen Städten und Provinzen in zunehmendem Maße ignorierte" (Polanyi 1997, S. 99). Der nationale Rechtsrahmen lieferte Handlungssicherheit, da nun Rechte und Pflichten bekannt und einklagbar werden. Das Abschließen von Geschäften wurde damit kalkulierbarer und leichter. Gleichzeitig schwächte seine Durchsetzung die vormals dominierenden lokalen Märkte. Zwar versuchten gerade die Städte, ihre Privilegien zu schützen (vgl. Polanyi 1997), sie konnten allerdings nicht verhindern, dass lokale Rechts- und Schutzsysteme zugunsten nationaler Regelungen für nichtig erklärt wurden. Lokale rechtliche oder politische Handelsbarrieren wurden innerhalb der nationalen Territorien abgebaut, was eine nationalweite Zirkulation von Waren, Dienstleistungen, aber auch eben Staatsschulden erleichterte (vgl. Bartolini 2007; Helleiner 2003; Rokkan 2000). Im Umkehrschluss hatten die nationalen Rechtsordnungen zur Folge, dass transnationale Geschäftsbeziehungen zwar nicht verboten, wohl aber erschwert wurden. So bedeuten nun Geschäfte über Landesgrenzen hinweg die Inkaufnahme von mindestens zwei Rechtsordnungen. Bereits vor der Institutionalisierung von nationalen Rechtssystemen gab es eine „Trennung des Orthandels vom Fernhandel" (Polanyi 1997, S. 98), lokale Märkte wurden so vor der Konkurrenz fremder Händler geschützt. Parallel dazu gab es aber auch einen regen interurbanen Handel zwischen Städten, gerne auch über Landesgrenzen hinweg. Mit einem einheitlichen und starken nationalen Rechtsrahmen wurden sowohl lokale Rechtsstrukturen marginalisiert oder ganz beseitigt als auch nationale Grenzen konstituiert.

Die nationale Durchsetzung eines einheitlichen Rechtsrahmens war ein zentraler Mechanismus, mit dem die Schaffung eines nationalen Binnenmarktes befördert wurde; die Installierung einer nationalen Währung ein anderer. Dass Währungen marktschaffend sind, ist in der Geldsoziologie hinreichend gezeigt worden (z. B. Dodd 2005; Helleiner 2003; Ingham 2004). Moderne nationale Währungen haben den Anspruch, innerhalb der Grenzen eines Nationalstaates unumstrittenes und damit allgemeingültiges Zahlungsmittel zu sein (vgl. Helleiner 2003; Gilbert und Helleiner 1999). Historisch gesehen heißt das, dass im 19. Jahrhundert die Regierungen nicht nur die Monopole des Notendrucks und der Münzprägung auf sich vereinigten, sondern auch, dass alle anderen Währungsformen, die national im Umlauf waren, entweder gleich ganz verboten oder zumindest marginalisiert wurden. „Große Aufmerksamkeit wurde der Produktion von standardisiertem Geld mit niedrigem Nennwert gewidmet, das mit dem offiziellen Währungssystem verbunden war, während sowohl inoffizielles Geld mit niedrigem Nennwert als auch privat ausgegebenes Geld verboten wurde. Darüber hinaus mussten Fremdwährungen oft in einer teuren und zeitaufwändigen Operation physisch aus dem inländischen Umlauf genommen werden" (Helleiner 2003, S. 40, Übersetzung der Autorin). Lokal organisierte und ausländische Währungen wurden ebenso reglementiert oder verboten wie die unterschiedlichen, meist schichtspezifisch verwendeten Metallwährungen.[5] Mit der Einführung der modernen nationalen Währungen festigten die Regierungen nicht nur ihren Status als zentrale, politisch gestaltende Akteure der nationalen Wirtschaft (vgl. Giddens 1985; Helleiner 2003), ihre Institutionalisierung trug auch zur Schaffung bzw. Manifestation von nationalen Märkten bei (vgl. Polanyi 1997). Denn in einem Währungsraum fielen mögliche Wechselkursrisiken bzw. -probleme weg, während bei transnationalen Geschäften nun immer Wechselkursveränderungen mitberücksichtigt werden mussten. Diese Geschäfte wurden damit risikobelasteter und schwerer kalkulierbar.

Historisch gesehen konnten nationale Regierungen und Parlamente nationale Rechtsordnungen und Währungen erst einführen, als sie politisch stark genug waren, um sich gegen mögliche lokale Konkurrenten und eine ausländische Beeinflussung zu behaupten.[6] Gleichzeitig manifestierten die beiden nationalen Institutionen die Macht der nationalen Ebene, da lokale Rechts- und Währungsräume abgeschafft und damit die Macht der lokalen Eliten stark geschwächt wurden und der Einfluss von ausländischen Regierungen und Par-

---

5   Bis ins 19. Jahrhundert wurden Gold- und Silberwährungen nur von der Oberschicht verwendet, während die unteren Schichten mit Kupfergeld bezahlten (vgl. Helleiner 2003). Die verschiedenen Metallwährungen waren oft nicht konvertierbar und unterschiedlich stabil.
6   Die politische Macht muss eine gewisse Festigung erfahren haben, bevor nationale Währungen eingeführt und vor allem nationalweit institutionalisiert werden können. Dies erklärt auch, warum manche Gesetzgeber bis heute trotz des weitverbreiteten Paradigmas, dass zu jedem Nationalstaat eine nationale Währung gehört, keine stabile und/oder funktionierende Währung installieren konnten (zu Staaten ohne funktionierende Währung siehe Cohen 1998).

lamenten zurückgedrängt wurde. „Dies war die Entwicklung, die den Territorialstaat als Instrument der ‚Nationalisierung' des Marktes und als Schöpfer des Binnenhandels ins Spiel brachte" (Polanyi 1997, S. 99). Mit einem nationalen Rechtssystem und einer nationalen Währung wurden nationalintern rechtliche Handelsbarrieren und Wechselkursrisiken abgebaut und so nationalen Marktstrukturen der Weg bereitet. Gleichzeitig wurden aber auch nationale Grenzen gestärkt und ein Handel über die Landesgrenzen hinweg zwar nicht verboten, jedoch dessen Kosten und Unsicherheitsfaktoren in die Höhe getrieben (vgl. Rokkan 2000).

Die Etablierung der modernen Nationalstaaten, das Entstehen moderner Währungen und die Schaffung der nationalen Märkte sind damit unzertrennlich miteinander verknüpft (vgl. Dodd 2005). Dies gilt auch für die Märkte für Staatsschulden. Auch hier besteht „zwischen internen Strukturierungen und externen Grenzbildungen" (Flora 2000, S. 22) eine Wechselwirkung. Unterschiedliche Rechtssysteme und Währungen verhindern zwar nicht den Handel mit Staatsschuldpapieren über Landesgrenzen hinweg, wohl aber erschweren und behindern sie ihn. Lässt man sich auf ein kleines Gedankenexperiment ein und denkt sich einen Staat mit mehreren Währungen und unterschiedlichen Rechtssystemen, dann wird schnell klar: In einem solchen politischen Raum muss sich die Regierung entscheiden, in welcher Währung sie ihre Schulden emittiert und welche Rechtsordnung für ihre Schuldtitel Gültigkeit hat. Mit ihrer Wahl grenzt sie erst mal keine Investoren aus, wohl aber beschränkt sie den Kreis an interessierten und damit potenziellen Investoren. Denn es werden vor allem solche Investoren ein Interesse am Erwerb der Staatsschulden haben, die diese Währung bereits besitzen bzw. eh schon mit ihr handeln. Bei Investoren aus anderen Währungsräumen sind die potenziellen Kosten und Risiken durch mögliche Wechselkursschwankungen deutlich größer. Dies gilt sowohl für den Erwerb als auch für den Weiterverkauf der Staatsschuldtitel. In beiden Fällen müssen sie nicht nur den Kursverlauf des Schuldtitels, sondern auch die Wechselkursentwicklungen zur „eigenen" Währung beachten. Ähnliches gilt für die Rechtssysteme: Investoren, welche eh schon in dem Rechtssystem agieren, kennen dieses. Sie haben Erfahrung mit seinen Regeln und seiner Funktionsweise (vgl. Graeber 2014). Dagegen müssen sich Investoren aus anderen Rechtsräumen erst einmal in Kenntnis über die Rechtslage setzen (zu der rechtlichen Vielfalt unter staatlichen Schuldtiteln siehe OECD 1982; 1983). Das Beschaffen der nötigen rechtlichen Expertise verursacht Unsicherheit und Kosten.

In den nationalen Währungs- und Rechtsräumen wurden die Kosten und Risiken des Erwerbs und des Handels von Schuldtiteln der eigenen Regierungen reduziert und gleichzeitig die Kosten für einen zwischenstaatlichen Handel mit Staatsschulden erhöht (vgl. Aglietta und Breton 2001). Wollen Regierungen nicht die Kosten und Risiken einer Verschuldung in einer anderen Währung und in einem anderen Rechtssystem tragen, sind sie angehalten, sich bei inländischen Investoren zu verschulden. Umgekehrt gilt aber auch, dass Investoren kostengünstig und risikoarm nur die Schulden der eigenen Regierung erwerben können. Diese wechselseitige Verdichtung von Angebot und Nachfrage im nationalen Kontext führte traditionell zu starken heimischen Märkten für Staatsschulden und einer schwachen Auslandsverschuldung in Europa (vgl. IWF 2001; Howarth und Quaglia 2013; Reinhart und Rogoff 2013). Im Krisenfall wird deshalb auch auf diesen Märkten eine erhöhte wechselseitige Verantwortlichkeit erwartet. Denn zum einen bedarf die Regierung ihrer Investoren und muss dafür Sorge tragen, dass diese stets solvent sind. Zum anderen können sich die Investoren eine Einstellung der staatlichen Rückzahlung oft kaum leisten, wollen sie nicht ihre eigene Finanzstabilität oder die Stabilität ihres Heimatmarktes gefährden (vgl. Hardie 2011; Angeloni und Wolff 2012). Letzteres gilt umso mehr, als im nationalen Raum die staatliche Zahlungsunfähigkeit in der Regel Währungs- und Wirtschaftskrisen nach sich zieht (vgl. Reinhart und Rogoff 2013).

3.2 Das Entstehen eines europäischen Rechtsrahmens

Die Einführung des Euro stellt keinen unmittelbaren politischen Eingriff in die Beziehungen der Regierungen zu ihren privaten Gläubigern dar. Vielmehr wurde auf europäischer Ebene explizit vereinbart und rechtlich verankert, dass sich die Regierungen auch als Mitglieder des Euro eigenverantwortlich auf den Finanzmärkten verschulden sollen (vgl. De Grauwe 2014). Wohl aber verändern sich mit dem Beitritt zur Eurozone die Rahmenbedingungen der staatlichen Verschuldung. Denn die Eurozone wird gerahmt durch eine Reihe von Gesetzen. Diese regeln nicht nur, welcher Staat unter welchen Bedingungen Mitglied der Eurozone werden darf, wie die EZB zu organisieren ist und welcher Geldpolitik sie verpflichtet ist (vgl. Heine und Herr 2008). Sie legen auch fest, welche Fiskal- und Schuldenpolitikansätze als Mitglied der Eurozone legal sind. Damit beeinflussen sie direkt die Handlungsspielräume der Regierungen. An die Stelle nationaler Rechts- und Währungsordnungen treten also in der Eurozone ein transnationales Zahlungsmittel und ein europäischer Rechtsrahmen, was beides auch die Schuldenbeziehungen der Regierungen beeinflusst (vgl. Galati und Tsataronis 2003; Lane 2006; Rossi 2013).

Beginnen wir mit dem Offenkundigsten: Mit der Einführung des Euro entfallen die Wechselkurse zwischen den Mitgliedern der Eurozone. Bereits vor der Einführung des Euro gab es immer wieder Versuche und Ansätze, zur Belebung des innereuropäischen Handels die Wechselkurse innerhalb der Europäischen Gemeinschaft miteinander zu koppeln und so Wechselkursschwankungen zu minimieren. Allerdings waren diese Projekte nur bedingt von Erfolg gekrönt (vgl. Hodson 2015). Erinnert sei hier nur an das Europäische Währungssystem (EWS), in dem sich die Mitglieder verpflichteten, ihre Währung an einen Währungskorb namens European Currency Unit zu binden und Schwankungen nur in einer Bandbreite von +/- 2,25 Prozent zuzulassen. Wechselkursrisiken wurden in diesem System nicht beseitigt, sollten aber planbarer und so handhabbarer werden. Im Jahr 1993 geriet das System jedoch in eine Krise, „die durch eine Anhebung der Schwankungsbreiten der Währungen auf 15 Prozent aufgefangen werden musste. Diese Ausbreitung bedeutete faktisch das Scheitern des EWS – anstelle der erhofften verstärkten Währungsintegration [...]" (Nollmann 2002, S. 233). Der Euro steht somit in einer gewissen Tradition einer gemeinsamen Währungspolitik. Gleichzeitig kann er hierin als das ambitionierteste und weitreichendste politische Projekt gelten. Denn die nationalen Währungen werden nicht mehr miteinander koordiniert und gekoppelt. An die Stelle der nationalen Währungen tritt eine gemeinsame Währung als gesetzlich gültiges Zahlungsmittel. Der Erwerb und Handel von staatlichen Schuldpapieren über die Landesgrenzen hinweg werden innerhalb der Eurozone wechselkurstechnisch leichter und risikoärmer.

Darüber hinaus erzwingen die europäischen Gesetze eine rechtliche Öffnung nationaler Märkte. Die Gesetze zur Regulierung der Schuldenbeziehungen werden zwar weiterhin auf nationaler Ebene verabschiedet, allerdings müssen sich sowohl die europäischen Gesetzgeber als auch die Regierungen jetzt zusätzlich noch an europäisches Recht halten, was ihren Handlungsspielraum einschränkt. So ist innerhalb der EU keine Differenzierung zwischen Gläubigern aus dem Inland und Gläubigern aus anderen EU-Staaten mehr möglich. Der Europäische Gerichtshof (EuGH) entschied im Jahr 2000 eindeutig, dass die Regierungen alle Gläubiger aus der EU gleichbehandeln müssen (vgl. EuGH 2000). Eine Regierung kann nun nicht mehr neue Schuldtitel nur inländischen oder nur ausländischen Gläubigern anbieten. Auch müssen die Schuldtitel anderer EU-Staaten den eigenen Schuldtiteln rechtlich gleichgestellt werden. Es kann zwar weiterhin von Rechtswegen verlangt werden, dass Finanzinstitute einen bestimmten Anteil ihrer Sicherheiten in Staatsschuldtiteln halten, jedoch kann diese Privilegierung nicht mehr auf die eigenen Staatsschuldtitel begrenzt werden (vgl. Streeck 2013). Der gemeinsame Währungsraum mit seinen gemeinsamen gesetzlichen Regelungen hat somit „viele der Privilegien beseitigt, die die nationalen Staatskassen in der Vergangenheit genossen, weil sie die Hauptquelle für risikofreie Vermögenswerte in ihrer ‚Heimatwährung' waren" (Galati und Tsataronis 2003, S. 174, Übersetzung der Autorin). Die Staatsschulden verlieren ihren besonderen Status, den sie innerhalb des eigenen Marktes mit einer Währung hatten. Bisher gültige und selbstverständliche nationale Schließungsmechanismen der eigenen nationalen Märkte sind nicht mehr möglich.

Gleichzeitig werden die Schuldtitel aller Euromitglieder von den europäischen Organen gleichbehandelt. Bekanntes Beispiel hierbei ist, dass die EZB lange Zeit die Schuldtitel aller Euromitglieder als gleichwertig hohe Sicherheiten anerkannte (vgl. Bolton und Jeanne 2011). Es wurden also nicht nur nationale Regeln, die einem transnationalen Handel mit Staatsschulden im Wege stehen, für nichtig erklärt, sondern auch europäische Anreize für eine Transnationalisierung der Schuldenbeziehungen eingeführt. Die Differenz zwischen inländischen und ausländischen Märkten beginnt innerhalb des gemeinsamen Währungsraums rechtlich-institutionell zu zerfließen. Die Geschichte der Eurozone weist dabei durchaus Parallelen zu den Geschichten der nationalen Märkte: Auch hier werden weder der länderübergreifende Erwerb von noch der transnationale Handel mit Staatsschuldtiteln erzwungen, wohl aber sehr erleichtert, begünstigt und gefördert. Gleichzeitig werden institutionelle Grenzen zwischen der EU bzw. der Eurozone und dem Rest gezogen: Hier fallen Wechselkursrisiken an. Auch ist es möglich, nichteuropäische Schuldtitel anders zu behandeln bzw. außereuropäische Investoren bedürfen einer Lizenz für die EU. Doch was bedeutet dies nun für die Beziehungen der Regierungen zu ihren Gläubigern?

Die nationalen Märkte für Staatsschulden waren und sind geprägt von einem verdichteten Maß an Interaktionen und einer sich daraus ergebenden wechselseitigen Abhängigkeit zwischen den Regierungen und ihren Gläubigern im Krisenfall. In der Eurozone lockert sich dieses Zusammenspiel in zwei Richtungen: Einmal räumen zwar auch die europäischen Regeln, wie oben angedeutet, Staatsschulden im Vergleich zu privaten Wertpapieren einen besonderen Status ein. So müssen Investitionen in Staatsschuldtitel nicht mit Eigenkapital unterlegt werden (vgl. Bolton und Jeanne 2011). Allerdings kann eine Regierung in Zusammenarbeit mit dem eigenen Parlament ihre eigenen Titel im Vergleich zu und im Wettbewerb mit anderen Staatsschulden nicht mehr privilegieren. Es ist den Gesetzgeber nicht mehr möglich, durch rechtliche Anreize die (inländische) Nachfrage nach ihren eigenen Wertpapieren zu erhöhen oder im Falle von Geldabflüssen den eigenen Markt abzuschotten. Die Optionen einer (national-)protektionistischen Einflussnahme sind in der Eurozone kleiner als im nationalen Kontext. Die Schuldenbeziehungen sind nun vielmehr stärker geprägt von Angebot und Nachfrage und den jeweiligen ökonomischen Einschätzungen der Gläubiger.

Daneben macht der Abbau von zwischenstaatlichen Handelsbarrieren den Erwerb von „fremden" Staatsschulden für Investoren attraktiver. Für die Regierungen bedeutet dies, dass sich ihr Pool an potenziellen Investoren vergrößert, die Schuldtitel nachfragen. Gleichzeitig erhöht der europäische Rechtsrahmen aber auch die Zahl an Regierungen (und auch anderen Schuldnern), die um die Gunst der Investoren konkurrieren und von ihnen abhängig sind. Welche Seite kann in einem solchen Kontext die Kreditkonditionen mehr bestimmen? Entscheidend ist hier wohl, wer umworbener ist. In Zeiten einer hohen Nachfrage nach ihren Schuldtiteln ist eine Regierung der „tertius gaudens" (Simmel 1992, S. 134). Denn nun steht der Regierung eine größere Zahl an Gläubigern gegenüber, die miteinander konkurrieren und bereit sein müssen, für die Regierung vorteilhafte Konditionen, etwa niedrige Zinsen, zu akzeptieren, wenn sie zum Zuge kommen wollen. Auf der anderen Seite bedeutet die neue Situation aber auch, dass die strukturelle Abhängigkeit der Gläubiger von Regierungen abgenommen hat. Die nationalen Gesetzgeber können Gläubiger rechtlich weniger an die eigene Regierung binden und den Gläubigern stehen mehr Regierungen als Alternative zur Verfügung. Wenn sie Staatsschuldtitel erwerben wollen, können sie nun zwischen verschiedenen, rechtlich aber gleichgestellten und von den europäischen Instanzen gleichbehandelten Schuldtiteln wählen. Wenn also die Nachfrage nach bestimmten Schuldtiteln sinkt, dreht sich das Blatt. Dann wird die betroffene Regierung verstärkt die Konkurrenz mit anderen Schuldnern spüren und sich gezwungen sehen, die Konditionen für potenzielle Investoren attraktiv zu gestalten. Die Machtbalance zwischen Regierung und Gläubigern hängt damit stets davon ab, wie groß die Nachfrage nach Schuldtiteln ist. Je nachdem kann die Konkurrenz unter den Investoren oder eben auch unter den Schuldnern steigen und sich die Bereitschaft, die Kreditkonditionen der jeweils anderen Seite zu akzeptieren, erhöhen. Zu welcher Seite sich die Machtbalance zwischen einer Regierung und ihren privaten Gläubigern neigt, lässt sich also in der Eurozone nie endgültig klären. Um die Kreditbedingungen verstehen zu können, erscheint es somit nötig, nicht nur zu fragen, wie gut oder schlecht die Zahlungsmoral einer Regierung von den Gläubigern eingeschätzt wird, sondern auch, wie stark Staatsschuldtitel im Allgemeinen und die Titel einer Regierung im Besonderen nachgefragt werden.

3.3 Strukturen und Folgen des europäischen Rechtsrahmen für Staatsverschuldung: die triadischen Beziehungen der Regierungen

Der Abbau der nationalen Handelsbarrieren innerhalb des gemeinsamen Währungsraums und der Aufbau eines europäischen Institutionenrahmens beeinflusste auch die Beziehungen der Regierungen zueinander und resultierte hier in einer neuen Akteurskonstellation. Steht auf einem nationalen Markt eine Regierung ihren Gläubigern gegenüber, sind es nun Regierung*en*. Eine Folge dieser neuen Konstellation klang eben schon an, und zwar dass die Konkurrenz zwischen den Regierungen wächst bzw. eine neue Dimension annimmt. Darüber hinaus gehe ich aber auch davon aus, dass sich auch die unmittelbaren Beziehungen der Regierungen zueinander verändern. Meine These ist, dass sie durch den gemeinsamen Rechtsrahmen und den daraus resultierenden transnationalen Verflechtungen abhängiger voneinander werden (siehe zu den Kreditbeziehungen Kapitel 5), was dann später – in der Krise – den Aufbau und die Institutionalisierung der europäischen Krisenprogramme, „economic adjustment programmes", und damit die Schuldenbeziehungen zwischen ihnen erklärt (siehe Kapitel 6).

Im letzten Kapitel wurde diskutiert, was es für die Regierungen bedeutet, wenn sie sich nach einer fremden Gesetzgebung verschulden. Es war offensichtlich geworden, dass dies eine triadische Beziehungskonstellation zur Folge hat, und zwar zwischen der Regierung als Schuldner, dem Investor und dem Gesetzgeber des anderen Landes. In der Eurozone gibt es nur noch einen europäischen Rechtsrahmen. Wohl aber, gewinnt eine der rechtlich verwandten Triaden an Bedeutung und verändert und prägt die Beziehungen der Regierungen in der Eurozone bis heute. Und zwar handelt es sich um die Triade aus Regierung als Schuldner, privatem Gläubiger und einer zweiten Regierung als Krisenmanager. Denkt man sich eine hypothetische Welt, in der sich Regierungen wirklich nur bei den eigenen nationalen Investoren verschulden, dann sind die Märkte für Staatsschulden national autarke Räume, die erst einmal in keiner weiteren Beziehung zueinander stehen. In einer solchen Welt besteht deshalb auch keine staatsschuldenbasierte Beziehung zwischen den Regierungen. Jede Regierung verschuldet sich für sich allein. Im Falle von Zahlungsschwierigkeiten sind es die nationalen Investoren, welche von den Zahlungsausfällen betroffen sind und diese verkraften müssen.[7] Dagegen sind die Kosten für andere Staaten und deren Regierungen nicht existent. Es besteht daher auch keine Notwendigkeit für andere Regierungen, bei Zahlungsschwierigkeiten einer Regierung in irgendeiner Weise zu intervenieren. Die Situation verändert sich, sobald eine Regierung sich bei Investoren aus einem anderen Land verschuldet. Solange die Regierung ihre Schuldtitel bedient und entsprechend der Vereinbarung zurückzahlt, besteht auch hier kein Grund für eine andere Regierung, in diese Schuldenbeziehungen einzugreifen oder sich ihnen gegenüber zu positionieren. Kommt es jedoch zu Zahlungsschwierigkeiten oder Streitigkeiten zwischen der Regierung und ihren Gläubigern aus einem anderen Land, kann sich die Regierung aus deren Herkunftsland gezwungen sehen, einzugreifen. Sie kann versuchen zu schlichten. Sie kann aber auch dazu übergehen, auf politi-

---

[7] Diese Kurzschließung zwischen nationalen Kosten und nationalen Gläubigern in Kombination mit den daraus resultierenden fehlenden Konsequenzen für andere Staaten sind für Reinhart und Rogoff (2013) ein Grund, warum die inländische Verschuldung in der Ökonomie oft marginalisiert wird und Inlandsschuldenkrisen kaum international öffentliche Beachtung finden. Erst wenn andere Staaten und vor allem der eigene Staat oder Bankensektor von einer Staatsschuldenkrise betroffen sind, werden in der Regel das öffentliche Interesse und damit der öffentliche Diskurs geweckt.

schem Weg zugunsten ihrer Gläubiger bei der anderen Regierung vorstellig zu werden und den säumigen Schuldner dazu zu drängen, den Zahlungsverpflichtungen nachzukommen.

> Das spektakulärste Beispiel dafür ist die Republik Haiti – das erste arme Land, das auf Dauer in Schuldknechtschaft geriet. Der Staat Haiti wurde von ehemaligen Plantagenarbeitern gegründet, Sklaven, die nicht nur die Kühnheit besaßen, sich in der Epoche der großen Menschenrechtserklärungen und universellen Freiheiten zu erheben, sondern auch noch Napoleons Armeen schlugen, die man dorthin gesandt hatte, um sie erneut zu unterwerfen. Frankreich forderte von Anfang an, dass die junge Republik 150 Millionen Franc als Entschädigung für die enteigneten Plantagen zu zahlen habe, außerdem die Kosten für die Ausstattung der gescheiterten militärischen Expedition tragen müsse, und alle anderen Länder einschließlich der Vereinigten Staaten stimmten der Verhängung eines Embargos gegen Haiti zu, bis die Schulden bezahlt seien. (Graeber 2014, S. 13)

Das Ende der Geschichte war, dass Haiti diesen Schuldenberg nie abarbeiten und sich von den damit einhergehenden ökonomischen Problemen nicht erholen konnte. Die Regierung als Schuldner musste sich in diesem Beispiel dem Willen der Gläubiger und deren Regierungspartner unterwerfen. In einem solchen Fall wird aus der bilateralen Beziehung zwischen Regierung und Gläubiger eine triadische Beziehung zwischen Regierung, privaten Gläubiger und deren Regierung(en).[8] Hintergrund für diese politische Intervention in eigentlich ökonomische Schuldenbeziehungen ist, dass Regierungen sich nicht nur auf den Finanzmärkten verschulden, sondern auch eine besondere Verantwortung für die (eigenen) nationalen Märkte tragen. Sie intervenieren nicht nur bei Verstößen gegen die formellen Regeln. Sie sind auch zentrale Krisenmanager der nationalen Systeme (vgl. Rudolph 2003; Weatherford 1984). Es liegt in ihrer Verantwortung, dafür Sorge zu tragen, dass Marktstörungen nicht zu Krisen werden, oder wenn es zu einer Krise kommt, dass diese überwunden wird. Gerade für den Markt systemrelevante Unternehmen und Banken erfahren des-

---

8 Es würde aber der politischen Wirkung der Triade nicht gerecht werden, sie einzig auf die daraus entstehenden politischen Konflikte zwischen den Regierungen zu reduzieren. Auch die Gläubiger können aufgrund der Triade bei politischen Konflikten zwischen den Regierungen intervenieren. So betont Polanyi, dass es oft international agierende Gläubiger in der Vergangenheit waren, die im Falle von politischen Konflikten sowohl gegenüber ihren Schuldnern als auch gegenüber ihrer eigenen Regierung auf friedenserhaltende Maßnahmen drangen. Denn „die große Mehrzahl der Investoren von Staatspapieren ebenso wie andere Investoren und Handelsunternehmen mußten [sic!] in solchen Kriegen zwangsläufig zu den ersten Verlierern zählen, vor allem wenn die Währungen in Mitleidenschaft gezogen wurden" (Polanyi 1997, S. 33). Ein Konflikt zwischen beiden politischen Parteien wäre nur zum Nachteil der Gläubiger.

halb eine besonders hohe politische Aufmerksamkeit und im Krisenfall eine besonders umfassende politische Unterstützung (vgl. Blyth 2014a).

Nach dem Zweiten Weltkrieg bis zur Einführung des Euro gab es diese schuldenbasierten Beziehungen zwischen Regierungen nur von Krisenfall zu Krisenfall. Sie waren nie dauerhaft politisch aktiviert. Auch kamen sie vor allem zwischen hochentwickelten Staaten und Schwellenländern zum Tragen (vgl. Reinhart und Rogoff 2013). Die hochentwickelten Staaten traten hierbei stets als „Gläubigerstaaten", die Schwellenländer als „Schuldnerstaaten" in Erscheinung (Polanyi 1997, S. 278). Zwischen den (west-)europäischen Regierungen waren sie zu keinem Zeitpunkt von politischer Bedeutung, was zum einen daran lag, dass die Auslandsverschuldung der europäischen Regierungen gerade zu Zeiten von Bretton Woods relativ gesehen niedrig war. Zum anderen kam es in (West-)Europa seit den 1950er-Jahren bis zur aktuellen Krise zu keinen Zahlungsausfällen gegenüber ausländischen Investoren (vgl. Das et al. 2012). Vielmehr standen die europäischen Regierungen im Ruf, „sichere Häfen" ohne Zahlungsausfallrisiko zu sein (vgl. Boy 2015).

Bei der Definition des institutionellen Rechtsrahmens war in den 1990er-Jahren festgelegt worden, dass im gemeinsamen Währungsraum im Krisenfall die Regierungen unter Wahrung der europäischen Wettbewerbsregeln für die Unternehmen und damit auch Banken und Finanzinstitute verantwortlich sind (vgl. Preunkert 2012). Es kam also weder zu einer Europäisierung der Verschuldung noch zu einer Europäisierung der Verantwortlichkeit für Banken oder andere potenzielle Gläubiger der Regierungen. Dies bedeutet jedoch auch, dass die Beziehung zwischen einer Regierung als Schuldner, ihren privaten Gläubigern und deren Regierung(en) als Krisenmanager Gültigkeit behielt und latent Bestand hatte. Verhindert werden sollten mögliche staatliche Zahlungsausfälle und damit eine Aktivierung der Triade durch eine strikte Haushaltsdisziplin (vgl. De Grauwe 2014; Hudson 2015). Indem die Regierungen sich nur in Maßen verschulden, sollten sie, so zumindest die Idee, stets in der Lage sein, ihre Schuldtitel zu bedienen. Dieser Idee folgend können auch nur solche Regierungen dem Währungsraum beitreten, die bestimmte Verschuldungsobergrenzen einhalten. Aber auch später gilt es, bestimmte Höchstwerte nicht zu überschreiten. So soll die Staatsverschuldung nicht mehr als 60 Prozent des Bruttoinlandsproduktes betragen und die Höhe ihres jährlichen Haushaltsdefizits nicht über drei Prozent des Bruttoinlandsprodukts liegen (vgl. De Grauwe 2014). Verstößt eine Regierung gegen die Kriterien und überschreitet die Grenzwerte, kann ein Vertragsverletzungsverfahren in Gang gesetzt und Sanktionen verhängt werden (vgl. Hudson 2015). Zur fiskalischen Mäßigung und Disziplinierung der Regierungen wurden also im Rahmen des sogenannten Stabilitäts- und Wachstumspaktes Verschuldungsobergrenzen definiert und Kontrollmechanismen eingeführt.

> Der Stabilitäts- und Wachstumspakt (SWP) sollte den Eckpfeiler für die Steuerung der Finanzpolitik in der Eurozone bilden. Der Stabilitäts- und Wachstumspakt wurde als der notwendige fiskalische Rahmen angesehen, der die langfristige Nachhaltigkeit der nationalen Finanzpolitiken gewährleisten sollte. Der Stabilitäts- und Wachstumspakt beruht jedoch auf einem schwachen institutionellen Fundament. (De Grauwe 2010, S. 173, Übersetzung der Autorin)

Allerdings ist auch bekannt, dass die Grenzen nicht immer eingehalten bzw. im Lauf der Zeit aufgeweicht wurden (vgl. De Grauwe 2010, 2014). Gerade nachdem die deutsche und die französische Regierung die Obergrenzen überschritten und damit gegen die Regeln verstießen, wurden die Vorgaben flexibilisiert, sprich weicher definiert (vgl. Goodhart 2006). Auch wurde von Verletzungs- und Sanktionsverfahren abgesehen. Die Schutzmechanismen vor einer Aktivierung der Triade erwiesen sich damit als mangel- und lückenhaft, was später bei der Analyse der Krise im 6. Kapitel noch im Detail zur Sprache kommen wird.

3.4 Die Eurozone und ihre Regeln und Beziehungen

Im nationalstaatlichen Kontext ging und geht nationales Recht und eine nationale Währung mit einem nationalen Markt für Staatsschulden einher, der gekennzeichnet ist von einem hohen Grad an wechselseitiger Abhängigkeit zwischen den privaten Gläubigern und der Regierung. Die Einführung des Euro bricht diese Zusammenspiele auf. Zwar wird auch hier die nationalstaatliche Eigenverantwortung für Staatsschulden großgeschrieben und auf eine Europäisierung verzichtet. Wohl aber veränderten sich die rechtlichen und monetären Rahmenbedingungen der staatlichen Verschuldung. Die nationalen Rechtsrahmen wurden nicht ersetzt aber geöffnet (siehe Tabelle 3.1). Die Regierungen verloren zusammen mit ihren Gesetzgebern die politisch-rechtlichen Abschottungsmöglichkeiten. Im nationalen Kontext kann legal nicht mehr festgelegt werden, ob sich eine Regierung national oder innerhalb der Eurozone verschuldet. Gleichzeitig sanken für europäische Gläubiger die Risiken bei diesen Schuldtiteln und stiegen die rechtlichen Anreize für eben solche transnationalen Geschäfte. Die Frage, bei wem sich Regierungen verschulden, hängt nun stärker als zuvor von Angebot und Nachfrage und weniger von der politischen Lenkung der Regierungen ab. Allerdings bedeutet dies nicht, dass eine Seite, z. B. die Investoren, automatisch oder zwangsweise an Macht dazugewonnen hat. Solange Staatsschulden im hohen Maße nachgefragt werden, ermöglicht es die neue Situation den Regierungen, die Kosten zu reduzieren. Erst wenn die Nachfrage nach ihren Schuldtiteln sinkt, müssen die Regierungen der Eurozone stärker, als sie es im nationalen Kontext tun mussten, auf ihre Investoren zugehen.

Tabelle 3.1: Unterschiede zwischen einem nationalen und einem europäischen Rechtsrahmen

	Nationaler Rechtsrahmen	Europäischer Rechtsrahmen
Schuldner	Nationale Regierung	Mehrere Regierungen
Gesetzgeber	Nationales Parlament	Europäisches Gesetzgebungsverfahren
Gläubiger	Nationale Gläubiger	Internationale Gläubiger
Zentralbank	Nationale Zentralbank	Europäische Zentralbank

Eigene Darstellung

Gleichzeitig deutet sich auch an, dass sich in dem neuen institutionellen Rahmen und den damit einhergehenden Veränderungen im Schuldenbeziehungsgeflecht auch die Beziehungen der Regierungen untereinander gewandelt haben. Wenn eine Regierung nun erfolgreich Schuldtitel ausgeben möchte, reicht es für sie nicht mehr aus zu fragen, welche Konditionen sie präferiert und wie sie die Interessen ihrer potenziellen Gläubiger einstuft. Sie muss sich auch fragen, ob ihre Schuldtitel im Vergleich zu den Schuldtiteln der anderen Regierungen attraktiv sind. Die Regierungen müssen sich relational zueinander positionieren. Sie treten in eine neue Form der Konkurrenz. Des Weiteren treten sie in eine neue Dimension der marktbasierten Abhängigkeit zu- und voneinander. Hierbei ist festzuhalten, nicht trotz, sondern gerade wegen dieses Festhaltens an den nationalen Verantwortlichkeiten und gerade wegen des Verzichtes, eine europäische Krisenintervention aufzubauen, veränderte die Eurozone die Beziehungen zwischen den Regierungen. Mit dem Beitritt zur Währungsunion unterwerfen sich die Regierungen neuen Regeln, die auch, wie sich in den folgenden Kapiteln zeigen wird, zu einer Transnationalisierung der Verschuldungsstrukturen beitragen. Für die Regierungen bedeutet dies, dass sie sich innerhalb eines europäischen Rechtsrahmens finanzieren, weiterhin aber die Verantwortung für die Stabilität und den störungsfreien Fortbestand des eigenen Finanzsektors haben. Untereinander treten sie damit in eine triadische Beziehung aus Schuldner, Gläubiger und staatlichem Krisenmanager. Der Aufbau bzw. die Intensivierung der triadischen Beziehungen blieb politisch irrelevant und konnte von den Regierungen ignoriert bzw. ausgeklammert werden, solange die Bonität aller Euromitglieder von den Gläubigern als (gleich) hochwertig eingestuft wurde und daher die Nachfrage nach Staatsschulden (gleich) groß war. Dann kam die Finanzmarktkrise. Es wird sich noch zeigen, dass die triadische Beziehung, die vor der Einführung des Euro wenn überhaupt nur fallbezogen politische Wirkung entfaltete, in der Krise zu einem Strukturelement des transnationalen Marktes wurde und die zunächst latenten Beziehungen zwischen den Regierungen sich in der Krise zu neuen politischen Strukturen manifestierten.

4. Finanzialisierung des Staatsschuldenmanagements und der Märkte für Staatsschulden

Der Euro und die damit einhergehende Integration haben die vormals nationalen Märkte für Staatsschulden institutionell geöffnet und damit strukturell verändert. Allerdings wäre es zu kurz gefasst, sich nur auf die Öffnungs- und Schließungsprozesse zu konzentrieren. Denn Staatsschulden sind (mittlerweile) auch Teil der Finanzmärkte und bleiben deshalb von deren Wandel nicht unberührt. Wer also die heutigen Strukturen der Märkte für Staatsschulden verstehen möchte, muss früher ansetzen und fragen, wie sich der Aufstieg des sogenannten neoliberalen Paradigmas (vgl. Froud et al. 2012; Pauly 2009; Streeck 2013) auf diese Märkte ausgewirkt hat. Handlungsleitend ist in diesem Kapitel die Annahme, dass die aktuellen Herausforderungen der Regierungen als Schuldner nur verstanden werden können, wenn man auch den hohen Finanzialisierungsgrad des europäischen Staatsschuldenmanagements und der europäischen Marktstrukturen mit in die Analyse einbezieht.

Bekannt und wenig umstritten ist, dass die Finanzmärkte sich seit den 1970er-Jahren verändert haben (vgl. Blyth 2014a; Nölke et al. 2013; Streeck 2013; van der Zwan 2014). Sie sind globaler, technologisch schneller und komplexer geworden, ihre Instrumente sind heute vielfältiger und vielschichtiger als früher, und ihre Regulierung ist liberaler sprich laxer geworden (vgl. Crotty 2005; Froud et al. 2012; Pauly 2009). Wissenschaftlicher Konsens besteht auch bei der These, wonach dieser Wandel die Finanzmärkte neu in den Gesellschaften positioniert (vgl. Aalbers 2008; Dore 2008; Nölke et al. 2013; Palley 2007; van der Zwan 2014). Beobachtet wird ein „Wandel vom Industrie- zum Finanzkapitalismus" (van der Zwan 2009, S. 12, Übersetzung der Autorin). In diesem Zusammenhang wird oft von einer Finanzialisierung der Wirtschaft gesprochen, was definiert wird als „die wachsende Bedeutung von Finanzmärkten, finanziellen Motiven, finanziellen Institutionen und der Finanzelite für das Funktionieren der Wirtschaft und ihrer Steuerungsinstitutionen" (Epstein 2001, S. 1, Übersetzung der Autorin). Unternehmen nutzen die neuen Möglichkeiten der Finanzmärkte, d. h., sie finanzieren Investitionen verstärkt über die Finanzmärkte, oder sie bieten ihren Kunden selbst Kredite an, mit denen diese ihre Waren oder Dienstleistungen finanzieren können (vgl. Carruthers 2015). Die Verflechtung vieler Unternehmen mit den Finanzmärkten und damit ihre Abhängigkeit von ihnen sind in den letzten 40 Jahren gewachsen. Der neue Einfluss der Finanzmärkte zeigt sich jedoch nicht nur in dem sich verändernden Finanzverhalten von Unternehmen (vgl. Aglietta und Breton 2001). Vielmehr wird auch eine Finanzialisierung von mehr und mehr gesellschaftlichen Teilsystemen beobachtet (vgl. van der Zwan 2014), die Bedeutung von Finanzmärkten wächst damit auch in solchen gesellschaftlichen Bereichen, die vormals als wirtschafts- und finanzmarktfern galten. Erwähnt seien hier nur die Studienkredite, mit denen immer mehr Studenten ihr Studium finanzieren, oder die private Altersvorsorge, hier zahlen künftige Rentner in der Erwartung künftiger Rendite in Finanzfonds ein. Immer mehr gesellschaftliche Bereiche finanzieren sich über die Finanzmärkte und müssen sich deshalb der Logik der Finanzmärkte beugen (vgl. Krippner 2012). Denn wollen sie erfolgreich wirtschaften, müssen sie ihre Finanzierungsstrategien an die Anforderungen und Erwartungen der Finanzunternehmen anpassen. Ihr Verhalten muss somit den Regeln und damit institutionellen Handlungszwängen der Finanzmärkte entsprechen.

Genau um Formen dieser Selbstanpassung soll es in diesem Kapitel gehen. Untersucht wird, mit welchen Strategien sich Regierungen auf den Märkten für Staatsschulden positionieren und welche Prozesse der Finanzialisierung hierbei zu beobachten sind. Dabei wird sowohl eine Finanzialisierung der Verschuldungsstrategien als auch der Marktstrukturen erwartet. Zum einen verschulden sich die Regierungen immer weniger in bilateralen, nicht handelbaren Kreditbeziehungen, sondern auf den Finanzmärkten und damit der Logik der Finanzmärkte folgend. Zum anderen sind die institutionellen Regeln heute deutlich stärker marktbasiert, während politische Kontroll- und Regulierungsmöglichkeiten zurückgedrängt wurden. Seit den 1970er-Jahren und damit mit dem Aufstieg des neoliberalen Paradigmas haben sich demnach die Strategien der Regierungen und Strukturen auf den Märkten für Staatsschulden verändert. Gleichwohl wird auch deutlich werden, dass diese Neuausrichtung nicht nur der neuen ideologischen Ausrichtung geschuldet ist, sondern auch einer Eigenlogik folgt. Denn eine Verschuldung nach Finanzmarktlogik mag krisenanfälliger sein (vgl. Hardie 2011, 2012), in stabilen Zeiten ist sie vor allem auch günstiger und ermöglicht so günstige Kreditkonditionen trotz steigender Schulden. Eine Finanzialisierung kann helfen, neue Finanzquellen zu erschließen und damit Kosten einzusparen.

4.1 Formen der Finanzialisierung des Managements der Staatsverschuldung

Wer sich schon einmal um einen Kredit bemüht hat, weiß, Schulden sind nicht gleich Schulden. Die Konditionen, d. h. die Höhe der Zinsen, aber auch deren Laufzeit und die Bedingungen für die Rückzahlung, können variieren. Auch gibt es bekanntlich unterschiedliche Formen der Schuldtitel wie Schuldscheine, Wertpapiere etc. und diverse Gläubiger, die jeweils eigene Interessen verfolgen (vgl. Carruthers 2013, 2015). Ein Schuldner muss abwägen, welche Kreditbeziehung er eingehen mag bzw. muss. Dies gilt auch für Regierungen: Wenn sie sich verschulden, brauchen sie eine Strategie, mit der sie festlegen, wie und zu welchen Konditionen sie dies zu tun gedenken. Es braucht ein Staatsschuldenmanagement. Staatsschuldenmanager sind dementsprechend ein Teil der Regierung oder Beauftragte, die im Namen der Regierung entscheiden, von wem sich die Regierung zu welchen Konditionen Geld leiht. Sie stehen vor der Herausforderung, dass sie sowohl die Kosten für die Verschuldung niedrig halten als auch einen stabilen und dauerhaften Zugang zu Finanzquellen gewährleisten sollen (vgl. Weltbank Bank, IWF 2014). Zu ihren zentralen Aufgaben gehören u. a. die Festlegung des Portfolios an Staatsschulden, die Definition der Vergabeverfahren und die Marktpflege (vgl. OECD 1982). Im Folgenden werden die Beziehungen eben dieser Schuldenmanager zu den Geldgebern beleuchtet. Dafür werden zunächst zwei grundlegend unterschiedliche Verschuldungsstrategien vorgestellt und diskutiert, wann von einer Finanzialisierung der Staatsverschuldung gesprochen werden kann. Dann werden die institutionellen Rahmenbedingungen untersucht und gefragt, inwieweit auch sie zu einer Finanzialisierung der Verschuldungsstrategien beitragen.

Traditionell wird unter einem Kredit ein bilaterales Verhältnis zwischen Schuldner und Gläubiger verstanden (vgl. Hall und Soskice 2001; Zysman 1983, siehe auch Tabelle 4.1).[9] In diesem Fall ist jeder Kredit eine Einzeltransaktion, d. h., der Kreditgeber bewertet den Schuldner individuell, und auf dieser Grundlage gewährt er ein Darlehen oder verweigert es (vgl. Uzzi 1999). Der Kredit wird vom Gläubiger bis zur Fälligkeit gehalten und am Ende der Laufzeit vom Schuldner an jenen zurückgezahlt. Das Geschäft ist abgeschlossen, wenn die Schuld getilgt ist. Wählen die Staatsschuldenmanager diese Form der Finanzierung, dann müssen sie Gläubiger finden, die bereit sind, sich auf eine solche langfristige Beziehung und damit Bindung zur Regierung einzulassen. Denn diese bilateralen Beziehungen basieren auf einem hohen Maß an wechselseitiger Abhängigkeit (siehe hierzu auch Kapitel 2). Die Regierungen müssen

---

9 Zysmann (1983) unterscheidet zwischen kreditbasierten und marktbasierten Systemen, während Hall und Soskice (2001) von koordinierten und liberalen Systemen sprechen. In kreditbasierten Systemen oder koordinierten Systemen werden die Beziehungen zwischen Kreditgeber und Kreditnehmer mit einer langfristigen Perspektive und einer Vertrauensbasis assoziiert. Im Gegensatz dazu sind Kapitalsuchende in liberalen Marktwirtschaften oder marktbasierten Finanzsystemen „stark von ihrer Bewertung durch die Aktienmärkte abhängig, wo breit verteilte Anleger auf öffentlich zugängliche Informationen zur Bewertung des Unternehmens angewiesen sind" (Hall und Soskice 2001, S. 28, Übersetzung der Autorin).

sich darauf verlassen, dass der kleine Kreis an Gläubigern stets bereit ist, weitere Kredite zur Verfügung zu stellen. Umgekehrt sind die Gläubiger davon abhängig, dass die Regierung ihren Zahlungsverpflichtungen nachkommt. Denn in Zeiten von Rückzahlungsschwierigkeiten laufen die Gläubiger Gefahr, ihr Geld zu verlieren, bzw. müssen sie geduldig sein, wollen sie ihren Einsatz ganz oder zumindest in Teilen wiederbekommen. Bei bilateralen Krediten gehen eine Regierung und ihre Gläubiger enge Beziehungen zueinander ein. Bereit dazu sind erfahrungsgemäß vor allem Privatpersonen, Unternehmen oder Banken aus dem eigenen Land, also Gläubiger, die bereits eh eine enge Bindung zur Regierung aufweisen (vgl. auch Bröker 1993; OECD 1982; 1983).

Tabelle 4.1: Verschuldungsstrategien als Idealtypen

Dimensionen	Klassische Kreditbeziehungen	Verschuldung via Finanzmarkt
Form der Kreditbeziehung	bilateral-individuell	anonym
Art der Kreditbeziehung	Stabil	flexibel
Schuldtitel	nicht-handelbar	handelbar
Vergabeverfahren	Direkte Kreditvergabe	Bieterverfahren
Nachfrage	Durch einzelne Gläubiger	Durch den Markt
Wechselseitige Abhängigkeit	Hoher Grad	Niedriger Grad

Eigene Darstellung

Einer anderen Logik folgt eine Verschuldung über die Finanzmärkte (vgl. Carruthers 2013; Carruthers und Ariovich 2010, siehe hier auch Tabelle 4.1). Hier sind Schulden keine stabile bilaterale Beziehung zwischen dem Schuldner und dem Gläubiger, sondern ein Finanzprodukt sprich eine Anleihe, die auf dem Finanzmarkt gehandelt wird (vgl. Aalbers 2008; Aglietta und Breton 2001; Cerny 1994). Folglich leiht der Investor zwar auch hier der Regierung Geld und ist auch hier die Verschuldung ein in sich geschlossenes Geschäft, da der Kredit an einem bestimmten Zeitpunkt bedient werden muss. Jedoch hat der Investor die Option, die Anleihe jederzeit weiterzuverkaufen (vgl. Acharya und Richardson 2009). Die Beziehung zwischen der Regierung und ihren privaten Investoren ist nicht mehr individuell, stabil und voneinander abhängig, sondern anonym, flexibel und damit offener. Bei diesem Ansatz werden Schuldtitel von der Regierung in Auktionen oder anderen Bieterverfahren an die Investoren verkauft, die die besten Konditionen bieten. Letztere können die Schuldtitel dann behalten oder mit ihnen handeln. Die Nachfrage nach den Schuldtiteln und damit die Kreditkonditionen werden hier nicht davon bestimmt, wie einzelne Investoren die Regierung einschätzen, sondern welche Nachfrage auf den Finanzmärkten nach den Produkten besteht. Gleichzeitig sind beide Seiten bei diesen Beziehungen weniger aufeinander angewiesen. Die Regierung kann jederzeit neue bzw. weitere Schuldtitel unabhängig von einem einzelnen Investor auf den Märkten platzieren, jeder Investor kann im Zweifelsfall die Titel abstoßen und sich zurückziehen. Finanzialisierung der Staatsschulden kann demnach in einer ersten Definition heißen, dass Staatsschuldtitel auf den Finanzmärkten platziert werden und dass sich das Staatsschuldenmanagement an die Logik der Finanzmärkte anpasst (vgl. Preunkert 2017).

Staatsschuldenmanager entwickeln ihre Strategien einmal auf der Grundlage ihrer individuellen Kosten-Risiko-Abwägungen. Daneben werden ihre Kalkulationen von den institutionellen Rahmenbedingungen beeinflusst. Im letzten Kapitel sind die institutionellen Regeln auf ihre transnationale Öffnung hin untersucht worden. Nun soll die Perspektive gewechselt und gefragt werden, welchen Einfluss das institutionelle Setting auf die Verschuldungsstrategien und damit deren Finanzialisierungsgrad hat. Wie eingangs erwähnt, sind die Finanzmärkte seit den 1970er-Jahren dereguliert und liberalisiert worden, d. h., die Handlungsoptionen der Investoren wurden erweitert und der staatliche Interventions- und Kontrollspielraum nahm ab (vgl. Hardie und Howarth 2009; Kessler und Wilhelm 2013). Dementsprechend ist empirisch zu fragen, welche Handlungsspielräume und -optionen die Regierungen auf den unterschiedlichen Märkten für Staatsschulden haben. Können sie auch in der Eurozone ihre politische Macht nutzen und damit die Kreditbeziehungen beeinflussen? In diesem Fall würden die Kreditbeziehungen mehr von der politischen Macht der Regierungen und weniger von den Logiken des Marktes bestimmt. Oder ist ein solcher politischer Einfluss grundsätzlich durch die institutionellen Regeln untersagt? Dann müssten die Regierungen ihre Strategien der Logik der Finanzmärkte anpassen, und die Kreditkonditionen würden durch das Angebot und die Nachfrage auf den Finanzmärkten bestimmt.

Die institutionellen Spielregeln rahmen somit die Kreditbeziehungen und legen dabei die politischen Kontroll- und Einflussmöglichkeiten fest. Sie definieren aber auch, ob und wenn ja in welchem Umfang den Regierungen alternative Finanzierungsquellen jenseits der Finanzmärkte zur Verfügung stehen. Kapitel 2 hat gezeigt, dass die Beziehungen der Regierung zu ihren Geldgebern auch durch Dritte beeinflusst werden. Ein Dritter ist die Zentralbank, die eine Verbündete der Regierung sein kann. Denn sie kann die Abhängigkeit der Regierungen von den privaten Kreditgebern abschwächen, etwa indem sie der Regierung auch dann günstige Kredite zur Verfügung stellt, wenn private Investoren höhere Zinsen verlangen oder nicht mehr bereit sind, Kredite zu vergeben. Erlauben die institutionellen Spielregeln eine Interaktion zwischen Regierung und Zentralbank, reduziert dies den Anpassungsdruck der Regierung gerade im Krisenfall an die Interessen der privaten Investoren. Dagegen zwingt ein Interaktionsverbot die Regierungen gerade in finanziell schwierigen Zeiten viel stärker dazu, die Kreditkonditionen der privaten Geldgeber zu akzeptieren. Je nachdem, wie viel politische Einflussnahme und öffentliche Verbündete die institutionellen Spielregeln zulassen, variiert damit der Druck auf die Schuldenmanager, sich der Logik der Finanzmärkte anzupassen. In diesem Kontext und damit in einer zweiten Definition meint Finanzialisierung, dass die politischen Kontroll- und Eingriffsmöglichkeiten der öffentlichen Hand zurückgedrängt und durch marktbasierte Spielregeln ersetzt werden.

Zusammenfassend kann an dieser Stelle festgehalten werden: Staatsschuldenmanager müssen Beziehungen zu den Geldgebern aufbauen und institutionalisieren. Beeinflusst werden ihre Strategien von ihren jeweiligen Kosten-Risiko-Abwägungen; stabilisieren sie mehr den Zugang zu Finanzquellen (Aufbau von bilateralen Kreditbeziehungen) oder versuchen sie mehr, die Kosten zu drücken (Zugang über die Finanzmärkte)? Des Weiteren rahmen und prägen die institutionellen Regeln das Handeln der Schuldenmanager. Hier ist entscheidend, wie viel politischen Einfluss die Spielregeln erlauben. Eine Staatsverschuldung kann somit mehr oder weniger stark über die Finanzmärkte verlaufen, und die Staatsschulden können mehr oder weniger stark in den Finanzmärkten integriert sein. Finanzialisierung heißt hier dementsprechend, dass die Verschuldung verstärkt der Logik der Finanzmärkte folgt und politische Einflussnahme abgeschwächt wird. Je höher der Finanzialisierungsgrad, desto „mehr [ist] die Staatsschuldenpolitik finanziell marktorientiert" (Trampusch 2015, S. 120, Übersetzung der Autorin), oder um es mit Lemoine (2017, S. 250) zu sagen, umso mehr wandelt sich die Regierung in einen normalen Schuldner („regular borrower") ohne Privilegien und Sonderrechte. Ein hoher Finanzialisierungsgrad der Verschuldungsstrategien und der Marktregeln zwingt die Staatsschuldenmanager, auf nicht marktkonforme Eingriffe in die Kreditbeziehungen und den Markt zu verzichten. Gleichzeitig vergrößert eine solche Verschuldung den Pool an potenziellen Gläubigern. Denn die Schuldtitel sind nun auch attraktiv für Investoren, die an kurzfristigen Gewinnen interessiert sind. Das kann die Kosten für Kredite senken und macht die Regierung unabhängiger von einzelnen Gläubigern. In den nächsten Abschnitten wird nun empirisch untersucht und diskutiert, welche Entwicklungen sich hier abzeichnen, welchen Finanzialisierungsgrad die europäischen Verschuldungsstrategien und Marktstrukturen aufweisen und was dies für die Machtbalancen zwischen Regierungen und ihren Kreditgebern bedeutet.

4.2 Nationale Finanzialisierung von Marktstrukturen und Verschuldungsstrategien: die 1970er- und 1980er-Jahre

In den 1970er-Jahren begann der Finanzkapitalismus seinen Siegeszug in den europäischen Gesellschaften, der auch Auswirkungen auf den Märkten für Staatsschulden hatte. Eine erste Zäsur stellte das Ende des Bretton Woods Systems dar. Das System regulierte zwischen 1944 und 1973 die Wirtschaftsbeziehungen zwischen den kapitalistischen Regierungen und institutionalisierte damit eine internationale Wirtschaftsordnung (der westlichen, kapitalistischen Hemisphäre). So wurden die Wechselkurse zwischen den teilnehmenden Währungen festgelegt und damit sowohl Wechselkursschwankungen als auch -spekulationen abgeschafft. Gleichzeitig räumte das System den Regierungen bei der Regulierung der nationalen Märkte weitreichende Handlungsspielräume ein. Dies galt auch für Staatsschulden. Hier konnten die Regierungen festlegen, wie durchlässig die nationalen Grenzen sein sollten und wie die Märkte intern zu regulieren sind. Die Regierungen konnten die Kapitalausfuhren und -einfuhren beschränken und damit den zwischenstaatlichen Handel reduzieren. „Kapitalflucht konnte durch Kapitalverkehrskontrollen verhindert oder wenigstens eingedämmt werden; dies schwächte die Verhandlungsmacht der Investoren im Ringen um die Mindestrendite [...]" (Streeck 2013, S. 157). Die „Exit"-Optionen der Investoren (Hirschman 1970) und damit deren Macht wurden so eingeschränkt (vgl. Reinhart und Sbrancia 2011; Bordo und Schwartz 1996). Des Weiteren konnten die Gesetzgeber rechtlich auf die Kreditkonditionen einwirken und so den Handlungsspielraum der staatlichen Kreditgeber beeinflussen, beispielsweise indem sie Höchstzinsen festlegten oder die Investoren verpflichteten, die eigenen Staatsschuldtitel als Mindestreserven zu halten. Schließlich waren in dieser Zeit die Zentralbanken zwar schon bis zu einem gewissen Grad unabhängig, gleichzeitig waren sie noch wichtige Verbündete der Regierungen (vgl. Heine und Herr 2008). So halfen nicht wenige Zentralbanken ihrer Regierung, mit einer entsprechend höheren Inflationsquote die Staatsschulden real abzubauen. In einigen Fällen nutzten die Regierungen sogar „financial repression", d. h. eine Kombination aus hoher Inflationsrate und politisch definierten niedrigen Zinsen, um die eigenen Staatsschulden drastisch zu reduzieren (vgl. Bordo und Schwartz 1996; Reinhart und Sbrancia 2011). Geprägt waren die Kreditbeziehungen in Westeuropa zur Zeit des Bretton Woods Systems also von einem hohen Maß an staatlicher Regulierung und einem geringen Grad an Finanzialisierung. Die Regierungen konnten zusammen mit den Gesetzgebern maßgeblich die Konditionen und Rahmenbedingungen der Kreditbeziehungen bestimmen (vgl. Reinhart und Sbrancia, 2011).

Nach dem Ende des Bretton Woods Systems verringerten sich die politisch legitimierten und die faktischen Einflussoptionen der Regierungen. Die Wechselkurse wurden flexibel und damit unsicherer, ferner wurden die Möglichkeiten zu zwischenstaatlichen Kapitalbeschränkungen drastisch verkleinert. Schließlich wurden die Zentralbanken unabhängiger und reduzierten deshalb ihre Zusammenarbeit mit den Regierungen (vgl. OECD 1982; 1983). Auch konzentrierten sie sich verstärkt auf eine stabile Geldpolitik (vgl. Heine und Herr 2008); strikteren Inflationszielen verpflichtet standen sie deshalb einer politisch motivierten Inflation ablehnend gegenüber. Der oben beschriebene reale Schuldenabbau durch eine Kombination aus Inflation und nationalen Kapitalkontrollen war nun weder aufgrund der internationalen Wirtschaftsordnung möglich noch vor dem Hintergrund der neuen wirtschaftspolitischen Debatten gesellschaftlich en vogue. Die europäischen Regierungen konnten damit seit den 1970er-Jahren weiterhin die Regeln für die nationalen Kreditbeziehungen definieren. Auch verschuldeten sie sich weiterhin vor allem nach der eigenen Rechtslage und in der eigenen Währung. Allerdings konnten sie die nationalen Märkte zusammen mit den nationalen Gesetzgebern nicht mehr im selben Maße abschotten und damit intern durchregulieren. Die internationale Wirtschaftsordnung und damit auch die nationalen Märkte hatten sich verändert (vgl. Reinhart und Sbrancia, 2011). Das Ende des Bretton Woods Systems und der Aufstieg der neoliberalen Wirtschaftsordnung reduzierten die politischen Handlungsspielräume der Regierungen. Der politische Einfluss wurde zurückgedrängt.

Grafik 4.1: Marktfähige Staatsschuldenquote in 15[10] europäischen Staaten (1980–2007)

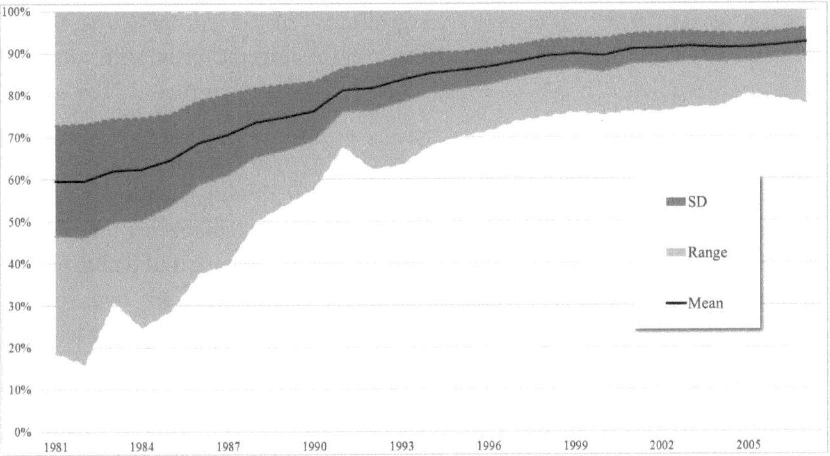

Hinweis: Range zeigt den höchsten und niedrigsten Wert der marktfähigen Staatsschuldenquote in jedem Jahr. Sowohl der Mittelwert (Mean) als auch die Standardabweichung (SD) eines jeden Jahres basiert auf dem Durchschnitt von 15 europäischen Staaten.
Quelle: OECD Central Government Debt Statistics

In den frühen 1970er-Jahren veränderten sich somit die Marktstrukturen, ab den späten 1970er-Jahren und vor allem in den 1980er-Jahren folgte dann ein Wandel der Verschuldungsstrategien. Die Schuldenmanager passten diese an

---

10 Belgien, Dänemark, Deutschland, Finnland, Frankreich, Griechenland, Irland, Italien, Luxemburg, die Niederlande, Österreich, Portugal, Spanien, Schweden und das Vereinigte Königreich.

die neuen Umstände an. Vor den 1980er-Jahren gaben die meisten europäischen Staatsschuldenmanager Schuldtitel heraus, die als klassische Kredite bezeichnet werden können (vgl. OECD 1983), d. h. als nicht handelbare Schuldtitel. Ausnahmen waren hier laut OECD die angelsächsischen Staaten und einige skandinavische Länder wie Schweden oder Dänemark. In den meisten europäischen Gesellschaften hielten die Anleger damit die Staatsschuldtitel die komplette Laufzeit. Gleichzeitig waren die Schuldtitel oft auch auf spezielle Gläubiger zu geschnitten bzw. standen nur bestimmten Gruppen zum Erwerb zur Verfügung. Beispielsweise konnten nur solche Personen deutsche Bundesschatzbriefe erwerben, die in Deutschland ansässig waren. Andere Schuldenmanager setzten auf enge Beziehungen zu nationalen Finanzinstituten. So konnten in den Niederlanden nur nationale Pensionsfonds, Versicherungen und Banken den Schuldtitel namens „onderhandse leningen" erwerben (vgl. OECD 1983). Folgt man den Studien der Organisation für wirtschaftliche Zusammenarbeit und Entwicklung (OECD) aus den Jahren 1982 und 1983, waren europäische Schuldenmanager bereits in den 1970er-Jahren auf den Finanzmärkten aktiv, wichtiger waren aber die Beziehungen zu ausgewählten Anlegergruppen außerhalb des Marktes. Den größten Teil der europäischen Staatsschulden machten deshalb nicht handelbare Schuldverschreibungen aus. Die Daten und Studien der OECD zeigen aber auch, dass sich dies ab den späten 1970er-Jahren änderte.

Seit Ende der 1970er-Jahre und mit Beginn der 1980er-Jahre begannen die Staatsschuldenmanager, die nicht marktkonformen Kreditbeziehungen zu Privatpersonen oder ausgewählten Organisationen zurückzufahren (z. B. Frankreich, siehe Lemoine 2017). Dafür gaben sie mehr handelbare und damit marktfähige Schuldtitel aus und verstärkten so ihr Engagement auf den Finanzmärkten (vgl. OECD 1983). Dementsprechend stieg der Anteil der handelbaren Staatsschulden in den 1980er- und 1990er-Jahren stark an (wenn auch nicht immer linear) (siehe unter anderem OECD 2000b und Grafik 4.1). Beispielsweise verdoppelte sich die Quote in Deutschland von knapp 33 Prozent im Jahr 1980 auf über 67 Prozent 1987, ab 1990 lag sie dann kontinuierlich bei über 80 Prozent. Im Durchschnitt stieg die Quote der handelbaren Schulden von unter 60 Prozent im Jahr 1980 auf über 80 Prozent Anfang der 90er-Jahre in den 15 Ländern (Grafik 4.1). Die vorliegenden Daten deuten aber nicht nur auf einen massiven Anstieg der handelbaren Schuldtitel hin, sondern auch auf eine Konvergenz zwischen den europäischen Ländern. Die Standardabweichung sank im Untersuchungszeitraum von 27 auf unter neun. Indem sie die Zahl an handelbaren Schuldtitel erhöhten, begannen die Schuldenmanager, neue Investorengruppen zu erschließen. Denn die neuen Schuldtitel waren nun auch für solche Geldgeber interessant, die an kurzfristigen Gewinnen interessiert waren bzw. keine langfristigen Bindungen eingehen wollten. Gleichzeitig konnten die neuen Schuldtitel weiterhin von den bisherigen Gläubigern erworben und gehalten werden. Die neue Strategie entsprach damit auf der einen Seite der neuen, marktfreundlicheren Ausrichtung der Regierungen. Auf der anderen Seite erleichterte sie den Zugang zu neuen Finanzquellen und half so, den wachsenden Kreditbedarf der Regierungen zu günstigen Kreditkonditionen zu bedienen.

Parallel zur Neuausrichtung der Schuldtitel wurden auch die Verkaufstechniken verändert. Gemeinhin unterscheidet man vier verschiedene Möglichkeiten, wie Schuldtitel ausgegeben werden können: Privatplatzierung, Syndikate, Tapsystem und Auktionssystem. Privatplatzierung bedeutet, dass die Regierung Geld von bestimmten Gläubigern leiht, die die Schuldtitel nicht oder kaum auf den Finanzmärkten handeln können. Es handelt sich um eine klassische bilaterale Beziehung. Durch eine Privatplatzierung gehen Regierung und Gläubiger eine dauerhafte Bindung ein, die erst endet, wenn der Kredit zurückgezahlt wird. Damit handelt es sich um das Verfahren mit dem geringsten Finanzialisierungsgrad. Bei der zweiten Emissionsmethode, den Syndikaten, unterstützt eine Gruppe von Banken (ein Syndikat) die Staatsschuldenmanager. Die Mitglieder des Syndikates verpflichten sich, bei jeder Emittierung der Regierung eine bestimmte Quote an Schultiteln abzunehmen. Sie verpflichten sich also, für eine kontinuierliche Nachfrage nach Schuldtiteln Sorge zu tragen. In einem nächsten Schritt versuchen die Mitglieder des Syndikats dann, die Schuldtitel auf den Finanzmärkten zu platzieren. Syndikate fungieren somit als Mittler zwischen den Regierungen und den Finanzmärkten. Für die Regierung hat dieses Verfahren den Vorteil, dass ihre Schuldtitel stets zumindest zum Teil nachgefragt und abgekauft werden. Banken wiederum beteiligen sich an den Syndikaten, da die Regierungen sie für ihre Teilnahme mit einer Geldzahlung belohnen. Alternativ kann bei diesem Verfahren auch die nationale Zentralbank die Mittlerrolle übernehmen. In dieser Variante nimmt sie der Regierung die Schuldtitel ab und platziert sie später auf den Finanzmärkten. Voraussetzung ist hier allerdings, dass dies rechtlich möglich ist. In einer dritten Variante, dem Tapsystem, verkaufen Staatsschuldenmanager kontinuierlich Schuldtitel auf den Finanzmärkten. Das Besondere an diesem Verfahren ist, dass hier stets bereits bekannte Schuldtitel auf den Markt gebracht werden (vgl. OECD 1983). Das Tapsystem ist eine marktfähige Verkaufstechnik, die sowohl für nicht marktfähige als auch für marktfähige Schuldtitel eingesetzt wird. Die vierte Verkaufstechnik ist das Auktionssystem. Hier geben Investoren im Rahmen einer Auktion Angebote ab, zu welchen Konditionen sie bereit wären, Schuldtitel zu erwerben (vgl. Brenner et al. 2009). In diesem System sind die Kreditkonditionen das Ergebnis aus den Angeboten der Regierung und den Nachfragen der Investoren. Es besteht keine weitere oder langfristige Beziehung zu den Investoren. In den allermeisten Fällen wird dieses Verfahren zur Platzierung von handelbaren Schuldtiteln auf den Finanzmärkten genutzt. Es gilt denn auch als das Verfahren mit dem höchsten Finanzialisierungsgrad. Privatplatzierung und Auktionen sind damit zwei Gegenpole, wenn es um den Grad der Finanzialisierung geht. Die beiden anderen Verfahren sind dementsprechend bei Fragen der Finanzialisierung dazwischen einzuordnen.

Lange Zeit waren Privatplatzierung und Syndikate die einzigen oder zumindest die wichtigsten Emissionsverfahren in den meisten europäischen Ländern (vgl. OECD 1983). Auch dies änderte sich in den späten 1970er- und frühen 1980er-Jahren. Die Schuldenmanager begannen nun, Auktions- und/oder Tapsysteme einzuführen (siehe Tabelle 4.2). Allerdings nutzten die Staatsschuldenmanager die Auktionstechnik und das Tapsystem zu Beginn meistens nur für spezielle und/oder kleinere Mengen an Schuldtiteln (vgl. Bröker 1993). Nicht handelbare Schuldtitel wurden weiterhin privat platziert und handelbare Schuldtitel wurden zunächst vor allem mit einem Syndikat oder mithilfe der Zentralbank in Umlauf gebracht (vgl. OECD 1983). So emittierten die deutschen Schuldenmanager im Jahr 1981 55 Prozent ihrer Schuldtitel im Rahmen einer Privatplatzierung und 33 Prozent mit einem Syndikat bzw. der Zentralbank. Dagegen platzierten sie nur zwölf Prozent der deutschen Schuldtitel mit dem Tapsystem und weniger als zwei Prozent über das Auktionssystem auf den Finanzmärkten (vgl. OECD 1983).

Erst im Lauf der 1980er-Jahre setzen sich Auktionen als das zentrale Verfahren durch. Dann war ihr Siegeszug aber nicht mehr aufzuhalten. Anfang der 1990er-Jahre finden wir dann ein grundlegend geändertes Bild vor: Nun hatten nicht nur (fast) alle europäischen Staatsschuldenmanager Auktionen als neue Verkaufstechnik eingeführt, sondern dieses Verfahren hatte sich allein oder in Kombination mit den Taptechniken bei der Ausgabe der handelbaren Schuldtitel als Standardverfahren durchgesetzt (vgl. Bröker 1993). Die Ausnahme stellte Griechenland dar, dessen Regierung Auktionen als Vergabeverfahren erst im Jahr 1998 einführte. Gleichzeitig wurden Syndikate (in beiden Varianten) zu einem Emissionsverfahren, das nur zur Ausgabe von speziellen und/oder geringfügigen Schuldtiteln verwendet wurde (vgl. Bröker 1993). Die Bedeutung und die Funktion der Verfahren haben sich somit umgekehrt. Im Segment der nicht handelbaren Schuldtitel deuten die Daten darauf hin, dass die Privatplatzierung nicht vollständig aufgegeben wurde. Dieser Schuldenbereich und damit seine Vergabeverfahren haben jedoch insgesamt an Bedeutung verloren (vgl. Bröker 1993).

Tabelle 4.2: Einführung von Auktionen für mittel- und langfristige Staatsschulden

Jahr	Land	Erste Nutzung von Auktionen für
1967	Niederlande	Staatsanleihen
1967	Deutschland	Schatzanweisungen
1981	Großbritannien	Aktien der britischen Regierung
1984	Schweden	Schatzanweisungen
1986	Frankreich	Schatzanweisungen/Staatsanleihen
1986	Spanien	Staatsanleihen
1987	Großbritannien	Britische Regierungsaktien
1988	Portugal	Mittelfristige Schatzanleihen
1988	Italien	Mittelfristige Schatzanweisungen
1988	Italien	Schatzanweisungen
1988	Portugal	Kredit für öffentliche Investitionen
1989	Irland	Staatsanleihen
1989	Österreich	Staatsanleihen
1989	Finnland	Renditeanleihen
1989	Belgien	Fungible Staatsanleihen
1989	Portugal	Staatsanleihen
1990	Deutschland	Bundesanleihen

Quelle: OECD 1983, Bröker 1993

Abschließend kann für die späten 1970er- und die 1980er-Jahre festgehalten werden: Es fasst zu kurz, sie nur als Phase der steigenden Staatsschuldenquote zu sehen (vgl. vor allem Streeck 2013). Beginnend in den 1970er-Jahren haben sich zunächst die institutionellen Rahmenbedingungen und dann auch die Verschuldungsstrategien verändert. Waren die institutionellen Rahmenbedingungen zu Zeiten des Bretton Woods Systems noch stark von politischer Regulation geprägt, wurden dann politische Eingriffs- und Einflussoptionen zurückgedrängt und die Marktlogik gestärkt. Die neoliberale Denkrichtung fand also auch auf den Märkten für Staatsschulden Widerhall. Der Finanzialisierungsgrad der Marktstrukturen stieg, auch wenn die Kreditbeziehungen weiterhin primär national reguliert wurden (vgl. Lemoine 2017; Massó 2016; Trampusch 2015). Denn die nationalen Gesetzgeber definierten weiterhin die Regeln für die nationalen Märkte und die Regierungen konnten auch weiterhin auf die (nun oft begrenzte) Hilfe und Unterstützung der Zentralbanken setzen. Deshalb ist hier von einer nationalen Form der Finanzialisierung zu sprechen. Etwas zeitverzögert ist dann auch eine Finanzialisierung der Verschuldungsstrategien zu beobachten. Die Summe und die Bedeutung von nicht handelbaren Schuldtiteln gingen zurück; dafür dominieren heute handelbare und damit marktfähige Schuldtitel die Portfolios der Regierungen. Gleichzeitig wurden Auktionen zum zentralen Verkaufsverfahren (vgl. OECD 2012; OECD 2014). Kombiniert man das neue Portfolio mit den neuen Platzierungsverfahren, so ergibt sich ein Paradigmenwechsel: Bilaterale Schuldenbeziehungen zu bestimmten Gläubigern sind vernachlässigbare Größen geworden, dagegen bestimmen heute anonyme und flexible Marktbeziehungen das Schuldenmanagement.

4.3 Transnationale Finanzialisierung von Marktstrukturen und Verschuldungsstrategien

Wie im letzten Kapitel gezeigt, veränderte die Einführung des Euro die rechtlichen Strukturen der beteiligten Märkte für Staatsschulden. Die nationalen Regeln mussten den europäischen Regularien angepasst werden; d. h., die nationalen Institutionen wurden geöffnet und es entstand gleichzeitig eine transnationale institutionelle Rahmung der Märkte. Damit stellt sich die Frage, ob und wenn ja, in welchem Umfang diese rechtlichen Verschiebungen zu einer weiteren Finanzialisierung der Staatsschulden und ihrer Märkte beitrugen. Bevor ein Land den Euro als Währung einführen und nutzen kann, müssen in drei Phasen die Regeln der Eurozone eingeführt werden. Die erste Phase widmet sich dem Kapitalmarkt. Ziel ist ein gemeinsamer Kapitalmarkt. Wird der grenzüberschreitende Kapitalverkehr beschränkt, gilt es, diese Barrieren aufzuheben (vgl. Lane 2006; Rossi 2013; Pagano und von Thadden 2004). Wie bereits im letzten Kapitel ausgeführt, verlieren die teilnehmenden Regierungen bzw. die nationalen Gesetzgeber in diesem Zusammenhang zahlreiche regulative Privilegien. Beispielsweise können die Gesetzgeber keine nationalen Gläubiger mehr rechtlich verpflichten, die eigenen Staatsschuldtitel zu erwerben und zu halten. Auch können sie nicht mehr zwischen nationalen und ausländischen Investoren unterscheiden und die nationalen Gläubiger privilegiert behandeln. Sie können ihre nationalen Märkte kaum mehr abschotten. In der Eurozone sollen keine nationalen Regeln oder Privilegien den transnationalen Kapitalverkehr behindern. Die politische Macht der Regierungen ist deshalb reduziert. Sie sind gezwungen, sich stärker marktkonform zu verhalten.

Die zweite Phase konzentriert sich auf die nationalen Zentralbanken. Auch deren Organisation und Aufgabenstellung muss an die europäischen Regeln angepasst werden (vgl. Gros 2012). Sie müssen darauf vorbereitet werden, Teil des Europäischen Zentralbank-Systems zu werden. In diesem Zusammenhang ist „der unmittelbare Erwerb von Schuldtiteln von [Zentralregierungen, regionalen oder lokalen Gebietskörperschaften oder anderen öffentlich-rechtlichen Körperschaften der Mitgliedstaaten] durch die EZB oder die nationalen Zentralbanken" verboten (Art 123, Vertrag über die Arbeitsweise der Europäischen Union). Bis zur Krise wurde diese Regelung von der EZB und den nationalen Zentralbanken streng ausgelegt, sie engagierten sich deshalb weder auf dem Primär- noch auf dem Sekundärmarkt der Staatsschulden. Bis zur Krise verloren die Regierungen durch das europäische Gesetz einen traditionellen Verbündeten. Denn sie konnten nun nicht mehr darauf zählen, dass die eigene Zentralbank ihnen günstige Kredite gewährte, sollten sie in Zahlungsschwierigkeiten geraten. Eher das Gegenteil war der Fall, die Regierungen sollten sich ohne Hilfe von Dritten auf den Finanzmärkten finanzieren. Dies sollte sie disziplinieren. Des Weiteren dürfen sich auch die Mitglieder des gemeinsamen Währungsraums bis auf einige wenige Ausnahmen nicht gegenseitig finanziell unterstützen (Art. 125 Vertrag über die Arbeitsweise der Europäischen Union; vgl. De Grauwe 20 Pagano und von Thadden 2004; Rossi 2013). In der Eurozone waren die Regierungen also bis zur Krise auf sich alleine gestellt. Sie konnten im Zweifelsfall nicht mehr auf Dritte als Geldgeber ausweichen, was ihre Position gegenüber den Investoren schwächte. In der dritten Phase verpflichten sich die Regierungen, neue öffentliche Kredite in Euro aufzunehmen (vgl. Pagano und von Thadden 2004). Wechselkurse fallen weg. Dies soll den transnationalen Handeln erleichtern, nimmt den Regierungen aber auch die Option, durch Abwertungen der eigenen Wirtschaft, deren Position auf den globalen Märkten zu verbessern.

Insgesamt wird deutlich: Die neuen europäischen Regeln resultieren nicht nur in einer Reduktion der nationalen Privilegien (siehe hierzu Kapitel 3), sie sind auch den Marktprinzipien verpflichtet. Sie verhindern unmittelbare politische Eingriffe in den Markt und fördern den Wettbewerb unter den Regierungen. Für die Regierungen und ihre Staatsschuldenmanager bedeutet das eine grundlegend neue Situation (vgl. Trampusch 2015): Sie „sind zu kleinen bis mittleren Akteuren auf einem großen europäischen Kapitalmarkt geworden, anstatt die dominanten Akteure auf dem nationalen Markt zu sein" (Wolswijk und de Haan 2005, S. 6, Übersetzung der Autorin). Die Einführung des Euro ist damit „ein wichtiger Faktor der Finanzialisierung in Europa, da sie die monetären Barrieren innerhalb des Euroraums beseitigt und damit die freie Mobilität des Finanzkapitals [...] in der gesamten Europäischen Währungsunion ermöglicht" (Rossi 2013, S. 397, Übersetzung der Autorin). Die Transnationalisierung der Regeln geht hier somit mit einer weiteren Finanzialisierung der Marktstrukturen einher. Um der neuen Situation Herr zu werden und angemessen auf sie reagieren zu können, stellten die Schuldenmanager die bisherigen Verschuldungsstrategien auf den Prüfstand. Es galt, die Wettbewerbsfähigkeit zu erhöhen, sich in der Konkurrenz mit den anderen Regierungen zu behaupten und sich vor den Unsicherheiten und Unabwägbarkeiten des transnationalen Marktes zu schützen.

Unter den neuen europäischen Regeln treten die Regierungen also in einen verstärkten Wettbewerb zueinander. Sie müssen daher stärker als bisher die eigene Wettbewerbsfähigkeit pflegen bzw. ausbauen (siehe das Beispiel Deutschland Trampusch 2015; Wolswijk und de Haan 2005). Als wettbewerbsfähig gelten sie, wenn sie besonders effizient arbeiten. Nicht wenige Regierungen organisierten deshalb als Reaktion auf die neue Situation das Schuldenmanagement neu und bauten es marktkonform um. Zu Zeiten des Bretton Woods Systems waren die nationalen Zentralbanken und/oder die Finanzministerien mit dem Schuldenmanagement betraut. Diese verfolgten dabei in der Regel eine langfristige Strategie bzw. waren um langfristige Kreditbeziehungen bemüht (vgl. Trampusch 2015). Nach dem Ende der internationalen Wirtschaftsordnung begannen einige Regierungen, neue Formen des Staatsschuldenmanagements zu erproben. Dies geschah vor allem in angelsächsischen und kleineren Staaten wie den Niederlanden, in denen sich das neoliberale Paradigma besonders früh durchsetzte bzw. die traditionell weniger auf klassische Kreditbeziehungen denn auch Anleihen auf globalen Märkten angewiesen waren (vgl. Bröker 1993; Currie et al. 2003). Unabhängige Agenturen wurden gegründet. Hinter dieser Neuorganisation stand die Idee, die „höhere Produktkomplexität und der Wettbewerb unter den Schuldenmanagern [erfordere] ein höheres Maß an operativer Unabhängigkeit und Professionalität, was in einer nichtstaatlichen Einheit leichter zu erreichen ist" (Wolswijk und de Haan 2005, S. 8, Übersetzung der Autorin). Die neuen Agenturen haben denn auch nur die Aufgabe, Staatsschulden auf den Finanzmärkten zu platzieren. Im Gegensatz zu den Zentralbanken und Finanzministerien haben sie keine weiteren geld- oder fiskalpolitischen Verantwortlichkeiten und Verpflichtungen (vgl. Currie et al. 2003). Mit der Einführung des Euro und den neuen Anforderungen wurde dieser Organisationsansatz zum Standard in der Eurozone (vgl. Wolswijk und de Haan 2005). Sogar in Staaten wie Deutschland, in denen es massiven Widerstand gegen eine Neuausrichtung gab, wurden eben solche Agenturen gegründet und sind seitdem verantwortlich für das Staatsschuldenmanagement (vgl. Trampusch 2015). Heutzutage ist also die Zentralbank verantwortlich für die Geldpolitik, das Finanzministerium zuständig für die Fiskalpolitik und eine Finanzagentur arbeitet im Auftrag des Finanzministeriums, jedoch eigenständig als Staatsschuldenmanager. Die neuen Agenturen entsprechen dabei dem neuen Zeitgeist, demzufolge politischer Einfluss schädlich für die Marktdynamiken ist und damit die eigene Wettbewerbsfähigkeit schmälert.

Der gemeinsame Markt eröffnet den Schuldenmanagern die Möglichkeit, sich neue Investorengruppen zu erschließen. Gleichzeitig stehen sie auch vor der Aufgabe, sich durch eine besonders attraktive Verschuldung von den anderen Schuldenmanagern abzuheben. Investoren interessieren sich vor allem für solche Investitionsmöglichkeiten, deren Renditen und Risiken sie leicht einschätzen und bewerten können. Die Schuldtitel sollten deshalb eingängig und möglichst vergleichbar sein. Die Schuldenmanager begannen hierzu, ihre Portfolios zu reorganisieren. Sie reduzierten die Zahl der unterschiedlichen Schuldtitel, die im Umlauf sind. Auch wurden die möglichen Laufzeiten auf einige wenige Standardzeiten von beispielsweise drei, zehn und 30 Jahren reduziert (vgl. OECD 2000b). Des Weiteren wurden auch die Vergabeverfahren modifiziert. Ein Emissionsverfahren ist für Investoren besonders dann attraktiv, wenn es transparent, verständlich und vorhersehbar ist. Auktionen gelten als die transparentesten Verfahren. Deshalb bauten die Schuldenmanager ihre Nutzung noch weiter aus, während sie andere Verfahren, z. B. das Tapverfahren, weniger verwendeten (vgl. OECD 2003). Aber auch die Auktionssysteme selbst wurden neu organisiert. Staatsschuldenmanager reduzierten die Anzahl der Emissionstermine und führten einen öffentlich angekündigten Auktionskalender ein (vgl. OECD 2003). Die Auktionskalender der Schuldenmanager entsprechen heute nicht mehr den Bedürfnissen und Interessen der Regierung, sondern sind in der Eurozone untereinander abgestimmt und kommen den Erwartungen der Finanzakteure nach Transparenz und Planbarkeit entgegen. Um die Attraktivität der eigenen Verschuldung zu steigern, wurden somit die Verschuldungsstrategien einfacher, transparenter und vorhersehbarer gestaltet und dabei weiter finanzialisiert.

Schließlich stehen die Schuldenmanager auf dem gemeinsamen Markt vor dem Problem der Unsicherheit. Die Investoren haben nun mehr Wahlmöglichkeiten und Exit-Optionen. Gerade bei dem Beitritt zur Eurozone ist deswegen unklar, ob und in welchem Umfang die eigenen Schulden weiterhin nachgefragt werden. So befürchteten Staatsschuldenmanager aus kleinen Ländern wie Belgien, den Niederlanden, Österreich und Portugal, dass ihre Emissionen fehlschlagen könnten (vgl. Galati und Tsataronis 2003). Dies hätte ihrem Ruf schaden und ihre Chancen auf eine erfolgreiche Emission in der Zukunft verringern können. Ihre Sorge war, dass sich Investoren primär auf die hochliquiden Staatsschuldtitel der drei großen Staaten (Deutschland, Frankreich und Italien) konzentrieren würden. In der zweiten Hälfte der 1990er-Jahre begannen sie deshalb, neben den Auktionen verstärkt Syndikate als Vergabeverfahren zu nutzen (vgl. Galati und Tsataronis 2003). Wie bereits erwähnt, zahlen Schuldenmanager bei dieser Emissionsform einer Gruppe an Banken eine Gebühr. Dafür verpflichten sich diese im Gegenzug, sich an jeder Auktion zu beteiligen und der Regierung Schuldtitel abzunehmen. Syndikate sind damit eine marktkonforme Möglichkeit, eine kontinuierliche Nachfrage nach den eigenen Schulden sicherzustellen und damit die Gefahr von Nachfrageausfällen zu verringern. Für Schuldenmanager kleinerer Staaten waren und sind Syndikate somit eine Chance, Unsicherheiten im alltäglichen Geschäft zu reduzieren. Anfang der 2000er-Jahre führten auch Deutschland, Frankreich und Italien das Verfahren (wieder) ein. Sie nutzen das Verfahren allerdings nur in Ausnahmefällen und zur Ausgabe von speziellen Schuldtiteln. So platzieren beispielsweise französische Schuldenmanager damit inflationsindexierte Anleihen und italienische Schuldenmanager greifen auf das Verfahren zurück, wenn sie Hochrisikoprodukte ausgeben wollen (vgl. OECD 2003). Zur Reduktion der neuen Unsicherheit gingen die Schuldenmanager somit eine kostspielige, aber dafür exklusive Partnerschaft mit ausgewählten Finanzinvestoren ein. Sie versuchen mit diesen marktkonformen Schutzmechanismen sicherzustellen, dass sie sich dauerhaft erfolgreich auf dem gemeinsamen Markt positionieren können.

Insgesamt wurde offensichtlich: Mit dem Euro wurden nicht nur neue europäische Regeln eingeführt, sondern auch der Rechtsrahmen finanzialisiert, denn die neuen Regeln drängen die politische Macht der Schuldenmanager zurück und stärken die Marktkräfte. Die Schuldenmanager verlieren politische Einfluss- und Kontrollmöglichkeiten und müssen auf die nationalen Privilegien verzichten. Ferner kam ihnen die nationalen Gesetzgeber und die Zentralbank als Verbündete weitgehend abhanden, denn bis zur Krise hielten sich die EZB und die nationalen Zentralbanken wie auch die nationalen Gesetzgeber mit Marktinterventionen zurück. Es herrschte und herrscht ein verstärkter Wettbewerb zwischen den Schuldenmanagern. Gleichzeitig konkurrieren sie um die Gunst der Investoren und müssen einen Umgang mit den Unsicherheiten finden, die mit der neuen Situation einhergehen. Die Schuldenmanager reagieren auf die Herausforderungen mit einem umfangreichen Umbau der eigenen Strategien. Hierbei lassen sich folgende länderübergreifende Trends ausmachen: Erstens werden weitere Bereiche des Schuldenmanagements finanzialisiert, zweitens werden bereits eingeführte Finanzialisierungstrends weitergeführt und intensiviert und drittens werden marktkonforme Schutzmechanismen eingeführt. Mit dem Euro werden nicht nur die institutionellen Rahmen der nationalen Märkte geöffnet und transnationalisiert. Es kommt auch zu einer transnationalen Finanzialisierung der Marktstrukturen und der Verschuldungsstrategien. Transnationalisierung und Finanzialisierung gehen also in diesem Fall Hand in Hand.

4.4 Unterschiedliche Stufen der Finanzialisierung und ihre ökonomischen und politischen Folgen

In den letzten 40 Jahren haben sich die Strategien der europäischen Staatsschuldenmanager grundlegend gewandelt. Zum einen veränderten sich die institutionellen Rahmenbedingungen. Schritt für Schritt wurden die institutionellen Spielregeln den Prinzipien des Marktes verpflichtet und die politischen Einfluss- und Interventionsmöglichkeiten der politischen Akteure wurden dabei delegitimiert bzw. verboten. Dies geschah zunächst im nationalen Kontext, d. h., die nationalen Regeln wurden modifiziert und finanzialisiert, was hier als nationale Finanzialisierung bezeichnet wurde. Später mit der Einführung des Euro waren es die neuen europäischen Regeln, die die Marktkräfte stärkten und somit zu einer transnationalen Finanzialisierung der Regeln beitrugen. Die erste Entwicklung lässt sich in allen hochentwickelten Staaten beobachten und ist daher ein transnationaler Trend. Die zweite Entwicklung ist spezifisch für die Eurozone und ihre Mitglieder, deren Verschuldung deshalb besonders stark an die Prinzipien angepasst ist. Die europäischen Schuldenmanager mussten bzw. konnten ihre Strategien also an die geänderten Rahmenbedingungen anpassen, was gerade in der Eurozone hieß, sich dem wachsenden Wettbewerb untereinander zu stellen. Zum anderen beeinflussten die neoliberale Denkrichtung und der wachsende Kreditbedarf die Strategien der Schuldenmanager. Die Schuldenmanager organisierten ihre Verschuldung zunehmend marktkonform bzw. versuchten, neue Investorengruppen zu erschließen. Alles zusammen resultierte in folgenden Veränderungen:

Im ersten Schritt trat seit den späten 1970er-Jahren an die Stelle der bilateralen Kreditbeziehungen eine Verschuldung über Anleihen auf den Finanzmärkten. Erstere haben in der Regel eine langfristige Perspektive, Letztere ermöglichen dagegen eher kurzfristige Renditen. Heute besteht das Portfolio der Regierungen vor allem aus handelbaren Titeln, die durch Auktionen an den Meistbietenden verkauft werden. Im zweiten Schritt und hier ab der stufenweisen Einführung des Euro wurden Bereiche des Schuldenmanagements finanzialisiert bzw. die Finanzialisierung vertieft und intensiviert. Gleichzeitig begannen die Schuldenmanager, auf die zunehmenden Unsicherheiten mit marktkonformen Schutzmaßnahmen zu reagieren. So werden Schuldtitel heute verstärkt durch Syndikate auf den Märkten platziert. Die Schuldenmanager verzichten heute also auch nicht darauf, die eigene Verschuldung vor Markteinflüssen zu schützen. Sie tun dies jedoch nicht mehr durch politische Intervention, sondern achten dabei die Prinzipien des Marktes. Insgesamt sind die letzten 40 Jahre geprägt von einer Selbstanpassung der Schuldenmanager an die Spielregeln und Prinzipien des Marktes und einer Aufgabe von politischer Macht.

Die verschiedenen Finanzialisierungsprozesse verringern die politische Macht der Schuldenmanager, bestimmte Kreditkonditionen oder Kreditbeziehungen mit der Hilfe von politischen Verbündeten wie den Gesetzgebern erzwingen zu können. Auch herrscht insbesondere auf dem gemeinsamen Markt für Staatsschulden ein starker Wettbewerb zwischen den Schuldenmanagern, die sich in Konkurrenz zueinander auf dem Markt positionieren müssen. Gleichzeitig eröffneten sich auch neue Handlungsoptionen für die Schuldenmanager. So erschlossen sie sich neue Investorengruppen und neue Finanzierungsoptionen. Dadurch wurden sie unabhängiger von einzelnen Investoren und stärker abhängig von der Nachfrage der Märkte. Fragt man nach den neuen Machtbalancen auf dem Markt, deutet sich an: Solange die Nachfrage nach ihren Schuldtiteln hoch ist, erhöht diese neue Situation die Konkurrenz der Investoren und stärkt damit die Position der Schuldenmanager. Sinkt jedoch die Regierung in der Gunst der Investoren und damit die Nachfrage nach ihren Schuldtiteln, haben die Schuldenmanager weniger Möglichkeit, politisch zu intervenieren oder auf die Hilfe der Zentralbank zu setzen. In diesem Fall müssen sie stärker als zuvor die Bedingungen der Investoren erfüllen. Die neuen Bedingungen machen zwar die Verschuldung unabwägbarer für die Schuldenmanager, sie machen die Schuldenmanager aber nicht per se machtloser bzw. die Investoren mächtiger. Es ist vielmehr eine empirische Frage, wer sich gerade durchsetzen kann. Im nächsten Kapitel wird deshalb untersucht, wer die Investoren der europäischen Regierungen sind und wie sich die Machtbeziehungen zueinander gestalten.

5. Eine transnationale Perspektive: Schuldenbeziehungen als Zentrum- und Peripherie-Strukturen

In der Eurozone wird privaten Investoren eine besondere Rolle zugeschrieben. Sie sollen die Regierungen disziplinieren, die sich in der Währungsunion eigenständig auf den Finanzmärkten verschulden (vgl. De Grauwe und Ji 2012; Howarth und Quaglia 2014; Lane 2012). Die Regierungen sollen sich demnach Geld zu den Konditionen leihen, die ihrer Kreditwürdigkeit entsprechen (vgl. Bolstad und Elhardt 2015). Wenn Regierungen schlecht haushalten, müssen sie nach dieser Logik höhere Zinsen zahlen oder kurzfristig laufende Anleihen begeben. Die Zinsen sollen ein Spiegelbild der Kreditwürdigkeit sein. Die Krise gilt daher auch als Marktversagen. Vor der Krise haben die privaten Investoren zu sehr der Stabilität der Eurozone vertraut und allen Regierungen zu günstig Geld unabhängig von ihrer Kreditwürdigkeit geborgt (vgl. Cipollini et al. 2015; De Grauwe und Ji 2012; Faverso und Missale 2012). Mit der Krise „machten die Finanzinvestoren Fehler in die andere Richtung – was heißt, sie überschätzen jetzt die Risiken" (De Grauwe und Ji 2012, S. 878, Übersetzung der Autorin), was die Zinsen für einige Staatsschuldtitel zwischenzeitlich massiv steigen ließ (siehe Grafik 6.1). Mittlerweile haben sich zwar die Zinsen in der Eurozone wieder angenähert. Nichtsdestotrotz rief die Krise in Erinnerung, dass auch in Europa Schuldenbeziehungen Abhängigkeitsverhältnisse sind, die mit ökonomischen Risiken einhergehen.

Das folgende Kapitel widmet sich deshalb eben den Beziehungen der Regierungen zu ihren privaten Investoren. Allerdings wähle ich eine andere Perspektive als in den oben zitierten politikökonomischen Studien und frage nicht, ob die Investoren ihrer von politischer Seite zugeschriebenen Aufgabe als Kontrolleure der Regierungen gerecht wurden und werden und die ‚richtige Zinshöhe' verlangen, sondern ich rekonstruiere, welche Schuldenbeziehungen die Regierungen eingehen und wie sich diese im Lauf der Zeit veränderten, um daran anschließend die Machtbalancen zwischen den Regierungen und ihren Investoren analysieren zu können. Ich erwarte, dass unterschiedliche Investoren jeweils eigene Verschuldungsstrategien verfolgen und daher auch die Investorenstrukturen einen Einfluss auf die Handlungsspielräume der Regierungen auf den Finanzmärkten haben. Darauf aufbauend ist anzunehmen, dass einige Regierungen bessere Machtpositionen auf dem Markt haben als andere und dass sich diese Asymmetrien in der Krise verschärft haben.

5.1 Inländische und ausländische Marktbeziehungen auf den Märkten für Staatsschulden

Die Motive und Gründe, warum sich Investoren auf den Staatsschuldenmärkten engagieren, sind vielfältig. Sie können Staatsschuldtitel halten, weil dies ihren ökonomischen Interessen entspricht und sie einen Gewinn oder Sicherheit davon erwarten. In solchen, hier als Marktbeziehungen bezeichneten Schuldenbeziehungen werden die Zinsen über die Preisbildung auf den Märkten bestimmt. Hiervon sind öffentliche Schuldenbeziehungen zu unterscheiden. Bei Letzterem vergeben Investoren Kredite, weil sie die Regierung und/oder den Markt in einer Krise stabilisieren wollen. Diese werden im nächsten Kapitel betrachtet. Die Zinskonditionen orientieren sich hier nicht an den Marktpreisen, sondern an politischen Überlegungen. Vor der Krise dominierten die Marktbeziehungen, sie machten über 90 Prozent der Schuldenbeziehungen aus (siehe Grafik 5.1). Mit Beginn der Krisenpolitik verschoben sich die Strukturen der Schuldenbeziehungen. In den Programmstaaten machten Marktbeziehungen zum Höhepunkt der Krise teilweise weit unter 50 Prozent aller Schuldenbeziehungen aus. Aber auch bei den anderen Euromitgliedern verloren die Marktbeziehungen an Bedeutung. Dank der Kaufprogramme der Zentralbanken lagen im Jahr 2018 alle Marktbeziehungen bei einer Quote von unter 90 Prozent. Allerdings wird hier stets vonseiten der öffentlichen Geldgeber betont, es handle sich hierbei um eine Ausnahmesituation und dass die öffentlichen Schuldenbeziehungen mittel- bis langfristig zugunsten der Marktbeziehungen abgebaut werden sollen (siehe Kapitel 6). Marktbeziehungen gelten als die normalen und im Alltag oft einzig legitimen Schuldenbeziehungen. Dagegen dienen öffentliche Kredite letzten Endes in der Regel dem Ziel, finanzielle (Rück-)Zahlungsfähigkeit der Regierungen zu sichern, sodass Letztere wieder mittel- oder langfristig zu Marktbeziehungen und damit zur Norm und Normalität zurückkehren können. Die Marktbeziehungen sind damit ein Dreh- und Angelpunkt der Staatsschuldenmärkte.

Grafik 5.1: Anteil der Marktbeziehungen an der Gesamtverschuldung bei ausgewählten Regierungen (2004–2018)

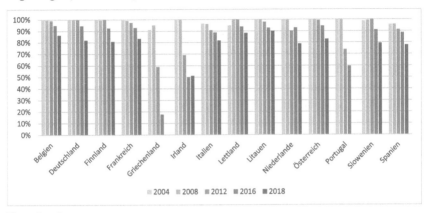

Eigene Berechnungen
Quelle: IWF

Im letzten Kapitel sind unterschiedliche Strategien diskutiert worden, mit denen die Regierungen bzw. ihre Schuldenmanager die Staatsschuldtitel auf den Finanzmärkten platzieren. Sie versuchen dabei, entweder die Kreditkosten möglichst gering zu halten oder stabile Schuldenbeziehungen zu institutionalisieren. Möchte man jedoch die Handlungsmöglichkeiten bzw. -zwänge der Regierungen als Schuldner in ihrer Gänze verstehen, kommt man nicht darum herum, die Marktbeziehungen selbst und die sich daraus ergebenden Machtbalancen und -figurationen zwischen den Regierungen und ihren privaten Investoren in Augenschein zu nehmen. Denn entscheidend für die Kreditkosten und den Marktzugang sind nicht nur die Strategien der staatlichen Schuldenmanager, sondern auch die Investoren[11] und ihre Interessen und Strategien.

Bislang wurde hier in der Literatur vor allem zwischen inländischen und ausländischen Schuldenbeziehungen unterschieden. Die Beziehung zwischen inländischen privaten Investoren und den Regierungen gilt dabei als reziprok abhängig (siehe Kapitel 2). Was bedeutet dies für die Zinskosten und den Marktzugang? Verschuldet sich eine Regierung im Inland, minimiert sie den Kreis an potenziellen Gläubigern. Damit reduziert sie die Nachfrage nach den eigenen Schuldtiteln, weshalb die Investoren höhere Zinsen verlangen können und die Kreditkosten steigen. Gleichzeitig gehen Regierungen hier Beziehungen mit Investoren ein, die in hohem Maße von ihnen abhängig sind. Wenn das Vertrauen in die Bonität der Regierungen sinkt und sie höhere Zinsen zahlen

---

11 Investoren und Gläubiger werden hier synonym verwendet. Streng genommen erwerben Erstere jedoch Anleihen auf den Finanzmärkten, und Letztere vergeben klassische, nicht handelbare und damit marktfähige Kredite an die Regierungen.

müssen, kann dies die Regierung destabilisieren. Heimische Investoren haben jedoch ein Interesse an einer stabilen Regierung. Daher wird erwartet, dass sie Regierungen weiterhin Geld zur Verfügung stellen und versuchen, die Regierungen zu stabilisieren (vgl. Arslanalp und Tsuda 2012). Die höheren Zinskosten erkaufen einen stabilen Marktzugang, der dazu beitragen kann, dass sich Probleme auf den Finanzmärkten nicht zu Staatsschuldenkrisen ausweiten. Denn wenn es zu einer Staatsschuldenkrise kommt, kann dies bei einer hohen inländischen Verschuldung in einem Teufelskreislauf münden (vgl. Howarth und Quaglia 2013, 2014): Eine hohe Kreditvergabe an die eigene Regierung kann zur Folge haben, dass, wenn deren Bonität sinkt, auch die Bonität der Gläubiger leidet. Die Investoren können deswegen Probleme bekommen, sich auf den Finanzmärkten zu refinanzieren. Dies kann dann wieder die Regierung auf den Plan rufen und diese kann sich gezwungen sehen, durch öffentliche Kredite die Banken zu stabilisieren. Erkauft wird diese Stabilisierung mit weiteren öffentlichen Schulden, was wiederum die Bonität der Regierungen und daran anschließend der heimischen Investoren weiter absenken kann.

Ausländische Schuldenbeziehungen erweitern dagegen den Kreis potenzieller Investoren. Damit vergrößert sich auch die Nachfrage nach den Staatsschuldtiteln, was deren Zinskosten senken kann (vgl. Andritzky 2012; Arslanalp und Tsuda 2012). Eine Verschuldung im Ausland gilt daher als Möglichkeit, Kosten zu sparen. Allerdings geht die Regierung Schuldenbeziehungen mit Investoren ein, die nicht weiter von ihr abhängig sind (vgl. Hardie 2011). Sinkt die Bonität einer Regierung, können die Investoren ihr Engagement reduzieren, ohne sich um die größeren ökonomischen und politischen Folgen einer instabilen Regierung Gedanken machen zu müssen (vgl. Arslanalp und Tsuda 2012). Niedrige Zinskosten werden erkauft durch einen unsicheren Marktzugang. In einer Staatsschuldenkrise können ausländische Schuldenbeziehungen die Handlungsspielräume der Regierung erweitern oder verringern (vgl. Reinhart und Rogoff 2013). Regierungen können die heimischen Gläubiger schützen und die Kreditrückzahlung gegenüber den ausländischen Gläubigern stoppen, in diesem Fall externalisieren sie die Probleme zu dem Preis, sich danach erst mal nicht mehr auf den globalen Finanzmärkten verschulden zu können, bzw. die ausländischen Investoren können „ihre" Regierungen mobilisieren, die Druck auf die Regierungen ausüben, die Schuldtitel zu bedienen. Die Regierungen können sich dann gezwungen sehen, Auslandsschulden noch vor den Inlandsschulden zurückzuzahlen, und damit den eben beschriebenen Teufelskreislauf der Inlandsverschuldung auszulösen (vgl. Graeber 2014).

Es kann bis hierher festgehalten werden: Inländische Schulden galten lange Zeit und gelten bis heute als kostspieliger, dafür aber krisenresistenter. Die Zinskosten sind höher, dafür ist der Marktzugang auch in Krisenzeiten stabiler. Denn heimische Investoren „tendieren dazu, ihre Bestände in Zeiten steigender Staatsrenditen zu erhöhen, während ausländische Privatinvestoren diese eher reduzieren" (Arslanalp und Tsuda 2012, S. 40–41, Übersetzung der Autorin). Wenn es zu einer Krise kommt, dann sind allerdings die nationalen gesellschaftlichen Kosten enorm. Dagegen wurden und werden ausländische Schulden sowohl mit niedrigen Kosten als auch einer hohen Instabilität und damit Krisenanfälligkeit assoziiert. Denn im Krisenfall können sich ausländische Investoren leichter, sprich ohne eigenes Risiko, aus den betroffenen Märkten zurückziehen. So einfach und einleuchtend die Differenzierung ist, so fraglich ist, ob sie gerade für eine Analyse der Eurozone übernommen werden kann. Mein Vorschlag ist, die Strategien der Investoren jenseits der Differenz Inland/Ausland zu untersuchen, um dann empirisch prüfen zu können, welche Rolle die territoriale Gebundenheit von Schuldenbeziehungen heute noch in der Eurozone spielt. Um die Marktbeziehungen und die daraus resultierenden Machtfigurationen in der Eurozone verstehen zu können, möchte ich im Folgenden drei Bereiche der Schuldenbeziehungen genauer untersuchen:

Erstens soll einer möglichen Öffnung der nationalen Schuldenbeziehungen nachgegangen werden. Lange Zeit galten Inlandsschulden als die wichtigsten Schuldenbeziehungen für europäische Regierungen (vgl. Reinhart und Rogoff 2013). Nun ist zu klären, welchen Stellenwert Inlandsschulden heute in der Eurozone haben und ob in einer zunehmend verflochtenen Finanzwelt die alten nationalen Abhängigkeitsbeziehungen noch greifen und sich inländische Gläubiger in Krisenzeiten loyal gegenüber kriselnden Regierungen zeigen. Zweitens wurden in den bisherigen Untersuchungen alle inländischen und ausländischen privaten Investoren jeweils zusammengefasst und ähnliche Strategien unterstellt (vgl. Reinhart und Rogoff 2013, aber letzten Endes auch Roos 2019). Allerdings ist fraglich, ob diese Homogenität zutreffend ist. Denn Regierungen verschulden sich heute u. a. bei Banken, Versicherungen, Privatpersonen, aber auch ausländischen Zentralbanken. Ich frage daher, bei welchen Investoren sich Regierungen besonders stark verschulden und wie sich die unterschiedlichen Investoren in der Krise verhielten. Darauf aufbauend kann ich dann untersuchen, welche Muster und Strukturen die unterschiedlichen Schuldenbeziehungen innerhalb der Eurozone ergeben.

Drittens gehe ich am Beispiel der Schuldenbeziehungen der Regierungen zu Banken der Frage nach, ob die Einführung des Euro mit einer europäischen Schließung oder zumindest Verdichtung der Schuldenbeziehungen in der Eurozone einhergeht. Darauf aufbauend kann ich dann untersuchen, wie sich die Regierungen in dieser Spannbreite aus nationalen, europäischen oder globalen Schuldenbeziehungen positionieren.

5.2 Öffnungen der nationalen Schuldenbeziehungen

Zunächst soll untersucht werden, ob sich mit dem Euro und seinen europäischen Regeln auch die Schuldenstrukturen veränderten. Im Detail wird untersucht, wie sich die inländischen Marktbeziehungen[12] in der Eurozone entwickelten und ob es Hinweise auf eine Öffnung gibt.

Relativ gesehen nimmt die Bedeutung der Inlandsverschuldung zwischen 2004 und 2018 ab. Lag Anfang des Jahres 2004 die inländische Marktverschuldungsquote im Durchschnitt bei rund 46 Prozent der Gesamtverschuldung, sank sie bis zum Jahr 2018 auf unter 27 Prozent. Eine Reduktion lässt sich denn auch in fast allen hier untersuchten Euromitgliedsstaaten finden (Grafik 5.2). Ausnahmen sind Italien, die Niederlande und Portugal. Allerdings ging die Quote nicht in allen Staaten linear zurück. Vielmehr macht sich die Krise bemerkbar. In Belgien, Finnland, Griechenland, Italien, den Niederlanden, Österreich, Portugal, Slowenien und Spanien stieg die Quote in den Jahren zwischen 2010 und 2012 und damit zum Höhepunkt der Krise an, um danach teilweise drastisch zu sinken.

Grafik 5.2: Inländische Marktbeziehungen ausgewählter Regierungen (2004–2018)

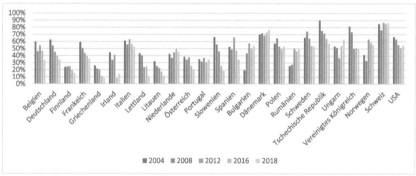

Eigene Berechnungen
Quelle: IWF

Diese Öffnungsprozesse beschränken sich dabei nicht nur auf die Eurozone, auch andere europäische Staaten oder etwa die USA verschulden sich im Untersuchungszeitraum zunehmend im Ausland. Jedoch scheinen die Öffnungskräfte

---

12 Die Analyse hier und im nächsten Abschnitt konzentriert sich aus Gründen der Datenverfügbarkeit auf folgende Staaten: Eurozone: Belgien, Deutschland, Finnland, Frankreich, Griechenland, Irland, Italien, Lettland (ab 2014), Litauen (ab 2015), die Niederlande, Österreich, Portugal, Slowenien (ab 2007) und Spanien, restliche EU: Bulgarien, Dänemark, Polen, Rumänien, Schweden, die Tschechische Republik und das Vereinigte Königreich, ansonsten: Norwegen, Schweiz und USA.

in der Eurozone stärker zu wirken. So lag im Jahr 2018 mit der Ausnahme Italiens in allen hier untersuchten Euromitgliedern die Quote aus den ausländischen Marktbeziehungen über der der Vergleichsstaaten. Wenn sich Regierungen der Eurozone verschulden, scheinen die Inlandsschuldenbeziehungen hier trotz der Krise über die Zeit immer weiter an Bedeutung zu verlieren.

Bedeutet dies nun aber auch, dass sich die Regierungen in absoluten Zahlen aus den inländischen Marktbeziehungen verabschieden? Dafür spricht wenig. So wuchs in der Eurozone die durchschnittliche absolute Verschuldung bei heimischen privaten Investoren von 220 Milliarden Euro Anfang 2004 auf zwischenzeitlich 305 Milliarden Euro im Jahr 2012 und lag auch im Jahr 2018 bei rund 266 Milliarden. Euro. Die relative Öffnung der Markbeziehungen ging somit nicht unbedingt mit einem Abbau der Inlandskredite einher. Vielmehr scheinen die ausländischen Kreditvolumina stärker und schneller anzusteigen. Vor der Krise reduzierten nur die Regierungen von Belgien, Deutschland, den Niederlanden und Spanien und leicht bzw. sehr leicht von Irland und Litauen ihre Schulden bei heimischen privaten Investoren (Tabelle 5.1). In der Krise stärkten in der ganzen Eurozone die inländischen Investoren ihr Engagement, die inländischen Kreditvolumen stiegen in allen Staaten an. Nach der Krise sanken die Zahlen wieder, entweder durchgängig wie in Deutschland und Griechenland oder zumindest für einen bestimmten Zeitraum wie in Frankreich, Italien und Spanien. Vergleicht man diese Entwicklungen mit anderen europäischen Staaten und den USA, fällt auf: Die Schuldenbeziehungen sind dort stabiler über die Zeit. Das heißt, auch hier investierten in der Krise inländische private Investoren verstärkt in den heimischen Markt, allerdings kam es zu weniger intensiven und eruptiven Veränderungen. Ein Abbau dieser Schulden fand nur vereinzelt und auf meist niedrigerem Niveau etwa in der Schweiz vor der Krise oder in der Tschechischen Republik in jüngster Zeit statt.

Lange Zeit galt, dass „in den entwickelten Ökonomien […] Inlandsschulden den Löwenteil der Staatsverbindlichkeiten" ausmachten (Reinhart und Rogoff 2013, S. 174). Mittlerweile ist zumindest in der Eurozone die Quote an heimischen Marktbeziehungen gesunken. Allerdings wurde auch deutlich, dass dies meist nicht mit einem Abbau der inländischen Schuldenbeziehungen einhergeht. Vielmehr deutet vieles darauf hin, dass Regierungen ihren steigenden Kreditbedarf vor allem bei ausländischen Investoren decken. Die Schuldenbeziehungen scheinen sich zu transnationalisieren, was sowohl die Beziehungen der Regierungen zu ihren Investoren als auch zueinander veränderte, wie in den nächsten Abschnitten gezeigt wird. Gleichzeitig deutet sich auch an: Trotz der verflochtenen Finanzmärkte haben die besonderen Beziehungen zwischen den Regierungen und den heimischen Investoren gerade in Krisenzeiten weiterhin Bestand. Denn während der sogenannten Eurokrise (vgl. Streeck 2013) wuchsen die Inlandsschulden sowohl relativ als auch absolut. Regierungen, die mit steigenden Zinsen zu kämpfen hatten, konnten sich weiterhin darauf verlassen, dass inländische Investoren ihnen trotz sinkender Bonität weiter Kredite zur Verfügung stellen. Aber auch die Investoren aus den Nichtkrisenstaaten scheinen in Krisenzeiten ein höheres Engagement in den sicheren „Heimathäfen" zu präferieren.

Tabelle 5.1: Veränderungen der absoluten Marktverschuldung (in Milliarden Euro)

	2004_08	2008_12	2012_16	2016_18
Belgien	4,198	32,071	-20,774	-16,772
Deutschland	-34,401	75,536	-8,192	-53,143
Finnland	0,468	9,146	2,701	-6,128
Frankreich	20,245	166,458	49,821	-49,327
Griechenland	-27,429	99,262	-95,129	-175,101
Irland	7,653	3,783	-21,385	-7,386
Italien	-2,367	62,174	-62,478	13,229
Lettland	33,816	310,165	35,447	-40,122
Litauen	0,315	1,325	-0,018	-1,153
Niederlande	-0,117	1,943	-0,33	-0,915
Österreich	-10,545	80,673	41,312	-37,7
Portugal	7,41	37,045	-3,409	14,311
Slowenien	0,162	3,126	0,431	-2,292
Spanien	-18,611	330,452	4,711	-118,257

Eigene Darstellung
Quelle: Internationaler Währungsfonds

5.3 Marktbeziehungen und ihre Investoren

Wer sind aber denn nun die Investoren auch über die Ländergrenzen hinweg, bei denen sich Regierungen verschulden? Lange Zeit galten Banken als die wichtigsten Gläubiger der Regierungen (vgl. Garcia-de-Andoain et al. 2016). Im Folgenden wird jedoch gezeigt, dass sich mit der Öffnung der Märkte auch Schuldenbeziehungen veränderten. Banken haben zugunsten von Nichtbanken und ausländischen Zentralbanken an Bedeutung verloren. Diesen langfristigen Trend unterbrach die sogenannte Eurokrise, sie drehte ihn aber nicht um. Meine Analyse basiert auch hierbei auf Daten[13] des Internationaler Währungsfonds (IWF), der fünf Investorengruppen unterscheidet: inländische und aus-

---

13 Auch diese Analyse konzentriert sich aus Gründen der Datenverfügbarkeit auf die Zeit zwischen den Jahren 2004 und 2018 und auf folgende Staaten: Belgien, Deutschland, Finnland, Frankreich, Griechenland (2016 statt 2018), Irland, Lettland, die Niederlande, Österreich, Portugal (2016 statt 2018), Slowenien und Spanien.

ländische Banken, inländische und ausländische Nichtbanken und ausländische Zentralbanken[14].

Banken nehmen – wie eben erwähnt – traditionell eine besondere Stellung auf den Staatsschuldenmärkten ein. Denn sie waren lange Zeit die Gruppe mit den größten Kreditvolumen. Sie waren damit wichtigste Gläubiger und Investoren. Banken kaufen Schuldtitel, um sie als Sicherheiten anderer Geschäfte verwenden zu können (z. B. gegenüber den Zentralbanken). Darüber hinaus haben sie eine Brückenfunktion zwischen den Regierungen und den Finanzmärkten. Als sogenannte Primary Dealer erwerben sie Staatsschuldtitel auf den Auktionen der Regierungen und platzieren sie dann auf den Finanzmärkten (vgl. Preunkert 2020). Erwartet wird gerade von heimischen Banken, dass sie an der Stabilität der Märkte und damit der Regierungen interessiert sind und daher versuchen werden, Krisen zu vermeiden. In der Krise selbst können sie mit ihren engen Beziehungen zu den Regierungen einen Teufelskreislauf auslösen.

Trotz ihrer besonderen Stellung auf den Staatsschuldenmärkten nimmt die quantitative Bedeutung der Banken im Vergleich zu anderen Investorengruppen ab. Über alle Regierungen hinweg sank der von ihnen gehaltene durchschnittliche Anteil an Marktbeziehungen zwischen den Jahren 2004 und 2018 von 41 Prozent auf 33 Prozent ab. Waren im Jahr 2004 Banken die größten Investoren für Deutschland, Griechenland, Slowenien und Spanien, haben sie diesen Status im Jahr 2018 nur noch in Finnland (siehe Grafik 5.3). Gleichzeitig manifestiert sich innerhalb der Investorengruppe eine Dominanz der heimischen Banken. Zwischen den Jahren 2004 und 2008 machten Kredite der heimischen Banken stabil durchschnittlich knapp 24 Prozent der Marktbeziehungen aus. Im Jahr 2012 stieg ihr Anteil auf 26,2 Prozent an, um dann im Jahr 2018 bei knapp 23 Prozent zu liegen. Gleichzeitig sinkt der durchschnittliche Anteil der ausländischen Banken von fast 17 Prozent im Jahr 2004 auf knapp 14 Prozent im Jahr 2008 bzw. neun Prozent im Jahr 2008. Danach stieg er wieder leicht auf elf Prozent im Jahr 2018 an. Ausländische Banken stellen damit durchschnittlich die kleinste Investorengruppe. Im Jahr 2004 waren für neun Regierungen heimische Banken die größere Investorengruppe im Vergleich zu fünf Regierungen, wo dies ausländische Banken waren. Im Jahr 2018 war das Verhältnis 11:3. Die Marktöffnung geht somit auf der einen Seite mit einem Bedeutungsverlust der Banken einher, auf der anderen Seite sind es vor allem die ausländischen Banken, die ihr Engagement in der Eurozone abschwächen und damit nicht den Trend der Transnationalisierung der Schuldenbeziehungen fördern.

---

14 In den Daten des IWF beinhaltet die Gruppe an ausländischen Zentralbanken auch die EZB und die europäischen Rettungsprogramme. Meine Zahlen weichen daher von den Ergebnissen des IWF ab.

Dagegen behaupten sich die heimischen Banken als die wichtigste inländische private Investorengruppe.

Grafik 5.3: Engagement unterschiedlicher Investorengruppen für ausgewählte Regierungen (in Prozenten)

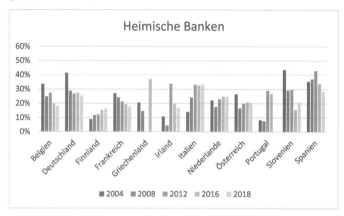

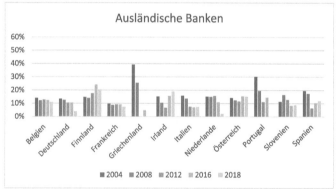

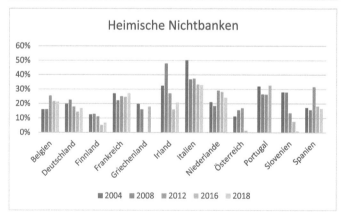

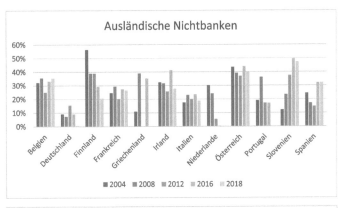

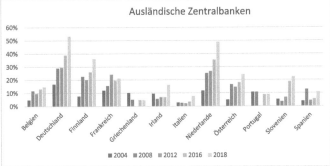

Eigene Berechnungen
Quelle: IWF

Die größte Investorengruppe stellen die sogenannten Nichtbanken, auch wenn ihre Bedeutung zurückgegangen ist. Zu ihnen zählen neben Versicherungen auch Pensions- oder Investmentfonds und Privatpersonen. Die Gruppe ist somit sehr heterogen. Leider erlauben die vorliegenden Daten des IWF keine interne Ausdifferenzierung. Jedoch kann auf Basis von weiteren Studien erwartet werden, dass Versicherungen und Fonds diese Gruppe dominieren, wohingegen Privatpersonen heute keine nennenswerte Rolle mehr spielen.[15] Versicherungen und Fonds eint das Streben nach möglichst hohen Gewinnmargen (vgl. Brewster Stearns und Mizruchi 2005; Ganßmann 2015). Gesetzlich sind sie aber auch verpflichtet, risikoarme Anlagen zur Absicherung zu halten, was ihr Interesse an Staatsschulden erklärt. Weiter sind sie vereint darin, dass sie in erster Linie ihren Aktionären und Geldgebern verpflichtet sind (vgl. Sahr 2017). Daher kann erwartet werden, dass sich sowohl inländische als auch aus-

---

15 Einige Regierungen, wie die deutsche Bundesregierung, gingen so weit, die Sparkonten für Privatleute aufzulösen und damit den Erwerb und das Halten von Staatsschuldtiteln für Privatpersonen schwerer zu machen.

ländische Versicherungen und Fonds im Krisenfall aus Ländern zurückziehen, um so die Gewinne für ihre Investoren und Anleger zu sichern. Das Besondere an der Gruppe der Nichtbanken ist, dass hier die ausländischen Investoren dominieren. Dies unterscheidet sie auch von der Gruppe der Banken.

Im Jahr 2004 waren sie an etwas mehr als der Hälfte der hier relevanten Marktbeziehungen beteiligt. Sie waren zu der Zeit auch die größte Investorengruppe (knapp) in Belgien, deutlich in Finnland, Frankreich, Irland, Italien, Lettland, den Niederlanden, Österreich und Portugal. Im Jahr 2018 hielten sie immerhin noch knapp 43 Prozent und waren die größte Investorengruppe in Belgien, Frankreich, Irland, Italien, Lettland, Österreich, Slowenien und Spanien. Der Anteil an Marktbeziehungen, an denen heimische Nichtbanken beteiligt sind, sank in der Zeit zwischen 2004 und 2018 von knapp 24 Prozent auf 17,4 Prozent, auch wenn er zwischenzeitlich im Jahr 2012 auf 23,5 Prozent angestiegen war. Bei ausländischen Nichtbanken stieg der Wert zunächst von 26,5 Prozent im Jahr 2004 auf 28,2 Prozent im Jahr 2008 und lag dann ab dem Jahr 2012 stetig bei rund 25 Prozent. Der Bedeutungsverlust der Nichtbanken geht somit vor allem auf heimische Nichtbanken zurück. Dagegen sind ausländische Nichtbanken weiterhin stark präsent in der Eurozone. Leider kann bei den ausländischen Nichtbanken nicht rekonstruiert werden, woher sie stammen. Vermutet werden kann jedoch, dass sie aus wirtschaftlich großen und starken Ländern mit einem starken heimischen Nichtbankensektor kommen. Dies wäre dann Frankreich in der Eurozone, aber auch Großbritannien und die USA außerhalb der Eurozone.

Schließlich halten auch Zentralbanken ausländische Schuldtitel als Manövriermasse zur Intervention auf den Finanzmärkten und damit auch als Währungsreserven. Sie sind daher Teil der Marktbeziehungen. Denn im Gegensatz zu den inländischen Zentralbanken oder der EZB intervenieren sie nicht zur Stabilisierung der Regierung oder des Marktes. Sie unterscheiden sich aber von den privaten Investoren. Denn sie erwerben Schuldtitel nicht aus gewinnorientierten Gründen, sondern haben die Stabilität der eigenen Regierung und des heimischen Marktes vor Augen. Sie sind die am stärksten wachsende Gruppe an Investoren. Betrug ihr Anteil im Jahr 2004 noch knapp neun Prozent, stieg er im Jahr 2012 auf 17,5 Prozent und im Jahr 2018 sogar auf 24,2 Prozent. Ihre Anteile wuchsen dabei in allen hier untersuchten Staaten außer Griechenland und Portugal. Sie sind damit auch knapp hinter den ausländischen Nichtbanken die zweitgrößte Investorengruppe. Hinzu kommt, dass sie im Jahr 2018 die größte Investorengruppe in Deutschland, Lettland und den Niederlanden stellten.

Dass die Marktbeziehungen im Zeitverlauf transnationaler werden, lässt sich vor allem mit einem Bedeutungszuwachs der ausländischen Nichtbanken und Zentralbanken begründen. Allerdings deuten die Zahlen auch an, dass die sogenannte Eurokrise mit ihrem Höhepunkt im Jahr 2012 diesen Trend zumindest für einen bestimmten Zeitraum unterbrach bzw. abschwächte. Damit deuten die Zahlen aus den Krisenjahren an, dass es in der Tat vor allem die inländischen privaten Investoren sind, die sich nicht aus den Schuldenbeziehungen zurückziehen, ganz wie es von der politischen Ökonomie erwartet wird (vgl. Arslanalp und Tsuda 2012; Gros 2012). Krisen sind aber auch Zeiten, in denen Regierungen vermehrt Kredite nachfragen und daher die Kreditvolumina steigen. Daher lässt sich das Verhalten der Investoren nur bedingt anhand der relativen Zahlen rekonstruieren.

Die absoluten Zahlen bestätigen aber den Eindruck. In den Krisenjahren erhöhten sowohl die heimischen Banken als auch Nichtbanken ihr Engagement und borgten fast allen betroffenen Regierungen trotz steigender Zinsen und Ausfallrisiken weiterhin Geld. Gleichwohl muss auch festgehalten werden, dass heimische Banken in Krisenzeiten ihren Regierungen umfangreichere Summen zur Verfügung stellten als heimische Nichtbanken. So stieg das Engagement irischer Banken zwischen den Jahren 2008 und 2012 von 3,5 Milliarden Euro auf 47,6 Milliarden Euro, in Portugal von 10,2 Milliarden Euro auf 38,8 Milliarden Euro, in Spanien von 152,4 Milliarden Euro auf 357,5 Milliarden Euro und in Italien immerhin von 402 Milliarden Euro auf 617 Milliarden Euro. Die Anteile der inländischen Nichtbanken stiegen in Irland von 37,6 v Euro auf gerade mal 38,1 Milliarden Euro und in Italien von 610,5 Milliarden Euro auf 694 Milliarden Euro. Portugiesische Nichtbanken hielten ihr Kreditvolumen relativ stabil bei gut 35 Milliarden Euro. Nur in Spanien ist ein ordentlicher Anstieg um 197,5 Milliarden Euro von 64,5 Milliarden auf 262 Milliarden Euro zu verzeichnen. Ausnahme ist hier Griechenland, dort reduzierten sowohl die heimischen Banken (von 36,6 Milliarden. Euro auf 28,3 Milliarden Euro) als auch Nichtbanken (von 39,8 Milliarden Euro auf 18,5 Milliarden Euro) ihre Kreditvolumen. Diese Regierung erhielt aber auch die umfangreichsten öffentlichen Kredite, wovon in den nächsten Kapiteln noch die Rede sein wird.

Aber nicht nur den Regierungen mit Refinanzierungsproblemen wurden wachsende Geldsummen vom heimischen Finanzsektor geliehen. Auch in der übrigen Eurozone – mit Ausnahme von Lettland und Litauen – erwarben Banken und Nichtbanken verstärkt Schuldtitel der eigenen Regierung. In Krisenzeiten versuchten die einen Investoren also, die eigenen Regierungen mit Problemen zu stützen, während andere Zuflucht in den vermeintlich sicheren Heimathäfen suchten (vgl. Barbosa und Costa 2010). Dass diese verstärkten heimischen Aktivitäten in Beziehung zur Krise gesehen werden müssen, zeigte sich nach dem Höhepunkt der Krise. Investoren begannen in der Eurozone, ihre heimischen Kreditvolumen zu reduzieren. Dies gilt sowohl für Regierungen, die als sichere Häfen gelten, wie Deutschland oder Frankreich (Reduktion der Kreditvolumen bei heimischen Banken bis zum Jahr 2018 um rund 160 Milliarden Euro bzw. rund 42 Milliarden Euro), aber auch für Regierungen, die sich zunehmend wieder auf den internationalen Märkten finanzieren konnten, wie

Irland (Reduktion der Kreditvolumen bei heimischen Banken hier bis 2018 um rund 30 Milliarden Euro auf 17,2 Milliarden Euro).

Wie sah es in dieser Zeit bei den ausländischen Investoren aus? Die Durchschnittswerte deuten hier einen krisenbedingten Rückzug der privaten Investoren und einen Ausbau des Engagements der ausländischen Zentralbanken an. Vergleicht man jedoch die Entwicklungen zwischen den Regierungen, ist es angebrachter, von einer Polarisierung zu sprechen. Besonders deutlich zeigt sich diese Entwicklung bei den ausländischen Banken. In der Krise reduzierten ausländische Banken Schuldenbeziehungen zu Regierungen mit Refinanzierungsproblemen. In Italien und Portugal kam es zwischen den Jahren 2008 und 2012 fast zu einer Halbierung der von ihnen gehaltenen Schuldenvolumina, und zwar von 227,1 Milliarden Euro auf 140 Milliarden Euro bzw. von 26,1 Milliarden Euro auf 15 Milliarden Euro. In Spanien reduzierte sich der Anteil immerhin von 71,7 Milliarden Euro auf 53,9 Milliarden Euro und in Griechenland sogar von 63,5 Milliarden Euro auf 2,7 Milliarden Euro. Nur in Irland war ein leichter Zuwachs von 8,3 Milliarden Euro auf 9,5 Milliarden Euro zu verzeichnen. Gleichzeitig begannen ausländische Banken, verstärkt in die anderen Marktbeziehungen zu investieren, und dies gilt umso mehr, wenn die Regierungen als sichere Häfen gelten. So kam es in dem Zeitraum zu mehr als einer Verdopplung in Finnland von 8,8 Milliarden Euro auf 18,8 Milliarden Euro und auch in Deutschland ist ein Anstieg von 207,4 Milliarden Euro auf immerhin 232,4 Milliarden Euro zu verzeichnen. Nach dem Höhepunkt der Krise reduzierte sich auch diese Polarisierung wieder ein Stück weit, beispielsweise begannen ausländische Banken wieder verstärkt portugiesische Schuldtitel zu erwerben, die Summe wuchs nach dem Jahr 2012 bis zum Jahr 2018 von 15 Milliarden auf 20,7 Milliarden Euro, während das deutsche Kreditvolumen ausländischer Banken von 232,4 Milliarden Euro auf 207 Euro sank.

Eine ähnliche Entwicklung lässt sich für die ausländischen Nichtbanken beobachten, auch wenn hier weder die Polarisierung noch der Rückgang so deutlich ausfielen. So reduzierte sich in Griechenland das von ausländischen Nichtbanken gehaltene Schuldenvolumen zwischen den Jahren 2008 und 2012 von 97,3 Milliarden Euro auf 15,2 Milliarden Euro und in Portugal von 48,4 Milliarden Euro auf immerhin nur noch 22,8 Milliarden Euro. Dagegen stieg das von ausländischen Nichtbanken gehaltene Schuldenvolumen im gleichen Zeitraum in Deutschland (von 119,6 Milliarden Euro auf 341,9 Milliarden Euro) oder Finnland (von 24,3 Milliarden Euro auf 41,8 Milliarden Euro). Nach dem Höhepunkt der Krise im Jahr 2012 schwächte sich auch diese Polarisierung wieder ab. Die Kreditvolumen ausländischer Nichtbanken für die griechische und portugiesische Regierung wuchsen bis zum Jahre 2016 wieder an (auf 18 Milliarden Euro bzw. 24 Milliarden Euro), während sie beispielsweise für die deutsche und finnische Regierung abnahmen (auf 176,6 Milliarden Euro im Jahr 2016 und nur noch 9,3 Milliarden Euro im Jahr 2018 bzw. auf 34,7 Milliarden Euro und dann später 23,2 Milliarden Euro). Allerdings gibt es hier auch noch deutlichere Abweichungen von dem Polarisierungsmuster. So erwarben ausländische Nichtbanken verstärkt irische und spanische Staatsschuldtitel (die Summe stieg zwischen dem Jahr 2008 und dem Jahr 2012 von 24,8 Milliarden Euro auf 35,9 Milliarden Euro bzw. von 70,3 Milliarden Euro auf 122 Milliarden Euro), während im selben Zeitraum ausländische Nichtbanken ihr Engagement in Frankreich und den Niederlanden reduzierten (von 391 Milliarden Euro auf 369,5 Milliarden Euro bzw. sogar von 84,7 Milliarden Euro auf 23,2 Milliarden Euro). Es spricht also einiges dafür, dass Nichtbanken andere Risikokalkulationen anlegten als ausländische Banken und dabei teilweise bereit waren, ein höheres Risiko einzugehen.

Für die ausländischen Zentralbanken liegen für das Jahr 2012 leider keine Zahlen für Griechenland, Irland und Portugal vor. Auf niedrigerem Niveau reduzierten auch sie ihr Engagement in Italien und Spanien von 41,4 Milliarden Euro auf 39,2 Milliarden Euro bzw. 52,4 Milliarden Euro auf 35,5 Milliarden Euro. Viel deutlicher fielen jedoch die Investitionszuwächse in die sogenannten sicheren Häfen aus. So erwarben sie im großen Umfang deutsche und französische Staatsanleihen, die Schuldenvolumina stiegen zwischen den Jahren 2008 und 2012 von 480,2 Milliarden Euro auf 651,7 Milliarden Euro bzw. von 207,1 auf 443,3 Milliarden Euro. Die Polarisierung trat jedoch schon vor der Krise zutage. So hielten ausländische Zentralbanken ein deutsches bzw. französisches Schuldenvolumen von 480,2 Milliarden Euro bzw. 207,1 Milliarden Euro im Jahr 2008, dagegen betrug im gleichen Jahr das von ihnen gehaltene italienische Kreditvolumen nur 41,4 Milliarden Euro, und das obwohl Italien schon zu der Zeit der größte Staatsschuldenmarkt der Eurozone war. Die Polarisierung lässt sich darüber hinaus auch nach dem Höhepunkt der Krise weiter beobachten. Zwar erhöhten die ausländischen Zentralbanken auch in absoluten Zahlen mit Ausnahme von Griechenland in allen Eurozonenmitgliedern ihr Engagement, sie taten dies jedoch überdurchschnittlich in den sogenannten sicheren Häfen wie Deutschland, aber auch Frankreich. Im Jahr 2018 hatten sie deutsche Staatsschuldtitel im Wert von gut 906 Milliarden Euro in ihren Portfolios, bei französischen Staatsschuldtiteln lag die Summe immerhin bei 413 Milliarden Euro.

Die transnationalen Öffnungen der Marktbeziehungen gingen somit mit einem Wandel derselben einher. Banken sind heute als Primary Dealer noch wichtige Partner der Regierungen (vgl. Preunkert 2020), als Investoren verloren sie summenmäßig an Bedeutung, während (ausländische) Nichtbanken heute die größte Investorengruppe darstellen und ausländische Zentralbanken die größten Investitionszuwächse verzeichneten. Damit steht das bisherige Wissen um die Marktbeziehungen (gerade in ihrer binären Ausprägung Inland/Ausland) auf den Prüfstand. Denn nur Banken verhielten sich in der Krise entsprechend den in der Literatur ausgiebig beschriebenen Erwartungen (vgl. beispielsweise Deeg et al. 2016; Gros 2012; Hardie 2011). Nur diese Investorengruppe war den heimischen Regierungen gegenüber im Krisenfall geduldig (vgl. Merler und Pisani-Ferry 2011). Bei heimischen Nichtbanken gibt es zwar auch Hinweise für ein geduldiges Verhalten, jedoch ist dies weniger ausgeprägt als bei Banken. Bei ausländischen Zentralbanken scheinen zu jeder Zeit vor allem Fragen der Sicherheit im Vordergrund zu stehen.

Gleichzeitig wurde auch deutlich, dass sich zu jeder Zeit die nationalen Investorenstrukturen höchst unterschiedlich zusammensetzten. Schon vor der Krise und unter dem Deckmantel der Zinskonvergenz entwickelten sich die nationalen Marktbeziehungen in differierende Richtungen. Besonders deutlich wird dies, wenn man sich die Entwicklungen der deutschen Marktbeziehungen ansieht: Deutsche Schuldtitel sind der Benchmark für die Eurozone (vgl. Barbosa und Costa 2010; Cipollini et al. 2015; De Grauwe und Ji 2012; Galati und Tsataronis 2003), d. h., deutsche Schuldtitel gelten als die Schuldtitel mit der höchsten Liquidität und der höchsten Sicherheit. Deutsche Schuldtitel wurden schon vor der Krise vor allem von solchen Gläubigern nachgefragt, die Risiko scheuen, sprich, sie wurden schon damals sehr stark von ausländischen Zentralbanken gekauft. In der Krise wurden die deutschen Schuldtitel dann auch noch zu sicheren Häfen für alle anderen Investoren, seien es heimische oder ausländische. Die aktuell so niedrigen Zinsen für deutsche Staatsschuldtitel lassen sich demnach vor allem auf die besondere Position der deutschen Bundesregierung auf dem Markt und im Vergleich zu anderen Regierungen zurückführen. Wenn Regierungen Schuldtitel auf den Finanzmärkten platzieren wollen, dann spricht nach diesen Ergebnissen vieles dafür, dass die Nachfrage nach Staatsschuldtiteln sehr stark von der Position der Regierung auf dem Markt und damit auch von ihrer Position im Vergleich zu den anderen Regierungen abhängig ist. Damit stellt sich jedoch auch die Frage, zu wem die Regierungen außerhalb des eigenen Landes Marktbeziehungen aufnehmen.

5.4 Europäische und globale Verdichtungen

Ob die Öffnung der Schuldenbeziehungen mit einer europäischen Schließung einhergeht, lässt sich aufgrund der schwachen Datenlage nicht umfassend klären. Allerdings erlauben die Daten eine Annäherung: Banken[16] berichten seit 2005 der Bank für Internationale Zusammenarbeit, von welchen Regierungen sie Schuldtitel halten. Zunächst berichteten allerdings nur Banken aus wenigen Staaten. Erst seit dem Jahr 2014 können so rund 90 Prozent der Auslandsmarktschulden, die von Banken gehalten werden, erklärt werden, weshalb sich die folgenden Analysen vor allem auf die aktuelle Situation und weniger auf zeitliche Entwicklungen konzentrieren.

Tabelle 5.2: Erklärungskraft der Daten für das Jahr 2018

Land	Prozent	Land	Prozent
Niederlande	99,30	Frankreich	95,03
Portugal	99,06	Griechenland	94,70
Bulgarien	98,46	Slowenien	94,36
Estland	97,50	Deutschland	90,62
Slowakei	97,11	Finnland	89,75
Zypern	96,90	Spanien	89,14
Irland	96,89	Österreich	88,65
Vereinigte Königreich	96,70	Luxemburg	87,40
Kroatien	96,42	Rumänien	86,46
Tschechische Republik	96,29	Dänemark	86,18
Ungarn	96,03	Polen	78,70
Italien	95,78	Belgien	78,47
Litauen	95,49	Schweden	74,08
Lettland	95,48	Malta	57,01

Quelle: Bank für Internationalen Zahlungsausgleich

Im Durchschnitt ließen sich im Jahr 2018 gut 91 Prozent der Auslandsbankenschulden in der Eurozone nachvollziehen. Die Zahlen variieren jedoch: So konnten mit den Daten über 99 Prozent der ausländischen Bankbeziehungen für die Niederlande und Portugal erklärt werden, Malta stellt dagegen einen Ausreißer dar, hier ließen sich nur 57 Prozent der Beziehungen rekonstruieren (siehe Tabelle 5.2). Untersucht wird im Folgenden, woher die Investorenban-

---

16 Heute berichten Banken aus folgenden Ländern: Australien, Belgien, Chile, Deutschland, Finnland, Frankreich, Griechenland, Irland, Italien, Japan, Kanada, Österreich, Schweden, Schweiz, Südkorea, Spanien, Taiwan, Vereinigtes Königreich und die USA. Nicht veröffentlicht werden die Zahlen der Banken aus Hongkong, Indien, Luxemburg, den Niederlanden, Norwegen, Portugal, Singapur und der Türkei.

ken der Regierungen in diesem Jahr kamen. Hierbei lassen sich Zentrum-Peripherie-Strukturen festmachen, sprich, Regierungen aus großen und wirtschaftlich starken Staaten verschulden sich eher global, während Regierungen aus kleinen bzw. wirtschaftlich schwachen Staaten sich eher europäisch verschulden.

Innerhalb der Eurozone lässt sich im Untersuchungsjahr keine Schließung feststellen. Denn nur 45,6 Prozent der Auslandsmarktschulden der Euromitglieder werden von allen Banken aus der Eurozone gehalten. Auch wenn man die beiden Ausreißer Estland (unter 0,2 Prozent) und Malta (knapp zwei Prozent) nicht berücksichtigt, liegt die Quote noch bei 50,8 Prozent. Dagegen halten Banken aus der Eurozone 60,3 Prozent der Auslandsschulden der EU-Mitglieder, die nicht Teil der Eurozone sind. Regierungen aus Kroatien (93,7 Prozent), der Tschechischen Republik (91,3 Prozent), aber auch aus Ungarn (82,6 Prozent) verschulden sich im größeren Maße bei Banken aus der Eurozone als etwa die deutsche oder die finnische Regierung (14, 5 bzw. 13,3 Prozent), die Teil der Eurozone sind. Betrachtet man die Verdichtung auf Ebene der EU, ergibt sich folgendes Bild: Die EU-Auslandsverschuldung aller EU-Mitglieder beträgt im Durchschnitt 72 Prozent. Bei den Mitgliedern der Eurozone sind es sogar 72,56 Prozent, unter den restlichen Mitgliedern sind es 64,4 Prozent, wobei hier Schweden mit 28,11 Prozent und das Vereinigte Königreich (damals noch Mitglied der EU) mit 28,4 Prozent Ausreißer darstellen. Vieles spricht also für eine Verdichtung innerhalb der EU.

Berücksichtigt man dann allerdings noch die Zahlen aus der Schweiz, dann deutet sich an, dass es sich um eine europäische Verdichtung handelt. Nicht nur liegt die EU-Auslandsverschuldung der Schweizer Regierung bei rund 70 Prozent. Noch wichtiger für meine Analyse ist: Der europäische Verschuldungsgrad erhöht sich auf fast 74 Prozent, wenn man Schweizer Banken berücksichtigt. Der Verdichtungsgrad variiert dabei zwischen 28,1 Prozent in Schweden und 38,3 Prozent im Vereinigten Königreich auf der einen Seite und 97,5 Prozent in Estland und 98,3 Prozent in Bulgarien. Schweden sollte allerdings ein Sonderfall sein, denn es spricht vieles dafür, dass sich die schwedische Regierung bei norwegischen Banken verschuldet. Leider veröffentlichen norwegische Banken ihre Zahlen nicht. Die Zahlen weisen somit darauf hin, dass die nationale Öffnung der Marktbeziehungen in der Eurozone mit einer Verdichtung innerhalb des europäischen Wirtschaftsraums einhergeht. Nur durchschnittlich 17,1 Prozent der Eurozonen-Auslandsbankenschulden werden außerhalb dieses Gebietes gehalten. Allerdings gibt es hier auch eine große Spannbreite zwischen 0 Prozent in Estland bzw. 0,1 Prozent in der Slowakei auf der einen Seite und 51,3 Prozent in Frankreich auf der anderen Seite. Es handelt sich also um einen europäischen Verdichtungsraum, der in globale Netzwerke eingebettet ist.

Grafik 5.4: Globale und europäische Verdichtungen (in Prozent, im Jahr 2018)

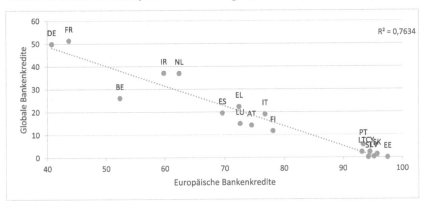

Eigene Berechnungen
Quelle: Bank für Internationalen Zahlungsausgleich

Die europäischen und globalen Verdichtungen lassen sich einmal mit Blick auf die Regierungen und einmal mit Blick auf die Gläubiger betrachten. Ich beginne mit den Regierungen und wie sie sich positionieren. Die Daten zeigen hier: Regierungen aus kleinen bzw. wirtschaftlich schwächeren Staaten der Eurozone verschulden sich eher europäisch, Regierungen aus größeren bzw. wirtschaftlich stärkeren Staaten eher global. Entlang dieser beiden Achsen lassen sich vier Gruppen unterscheiden (Grafik 5.4): Erstens gibt es die Regierungen aus kleineren und wirtschaftlich schwachen Staaten, die sich fast ausschließlich bzw. primär europäisch verschulden. Zu dieser Gruppe zählen die Regierungen der baltischen Staaten, aber auch von Slowenien, Slowakei, Portugal und Zypern. Die zweite Gruppe umfasst Regierungen aus wirtschaftlich eher schwachen oder kleineren Staaten, die sich stark in Europa verschulden, deren Schulden aber auch zu einem (kleinen) Teil außerhalb der EU gehalten werden: Finnland, Italien, Griechenland, Luxemburg, Österreich und Spanien. Drittens liegt bei den Regierungen aus Belgien, Irland und den Niederlanden – und damit aus kleinen, aber wirtschaftlich offenen Staaten – die globale Schuldenquote zwischen einem Viertel und mehr als einem Drittel ihrer Auslandsschulden. Viertens übersteigen bei zwei Regierungen die globalen Auslandsschulden die europäischen Schulden. Hierbei handelt es sich um Deutschland und Frankreich.

Aus welchen Staaten kommen nun die Gläubigerbanken? Auch hier deuten sich Zentrum-Peripherie-Strukturen an, d. h., die größten Kreditvolumen werden in der Regel von Banken aus reicheren Ländern gehalten. Banken kaufen und halten sich in höchst unterschiedlichem Ausmaß Staatsschulden der einzelnen Regierungen. Die Gläubigeranteile liegen zwischen 97 Prozent und 0,00001 Prozent der Auslandsbankenkredite. Insgesamt lassen sich 217 Marktbeziehungen für die Regierungen aus der Eurozone für das Jahr 2018 rekonstruieren. Fast die Hälfte (103 an der Zahl) hat ein Kreditvolumen von maximal einem Prozent, bei 168 Schuldenbeziehungen liegt der Anteil bei unter zehn Prozent. 33 von ihnen haben ein Volumen zwischen über zehn und unter 30 Prozent, die restlichen 16 von über 30 Prozent. In die Gruppe der ausschließlichen Kleininvestoren gehören vor allem außereuropäische Banken (etwa aus Australien, Chile, Südkorea, Taiwan und Kanada). Aus Europa investieren nur Banken aus Irland (zwei Prozent und drunter) und Finnland (immer nur unter einem Prozent) völlig auf einem so niedrigen Niveau. Die übrigen Banken aus der Eurozone haben mindestens eine Schuldenbeziehung mit einem höheren Volumen.

Der Großteil der Kreditvolumen konzentriert sich auf einige wenige Schuldenbeziehungen. Die wichtigsten, d. h. die größten Schuldenbeziehungen der Euroregierungen, haben dabei ein Volumen von 28 Prozent (italienischer Banken in Slowenien) bis zu 97 Prozent (schwedischer Banken in Estland) der Auslandsbankenkredite. Die Banken hierzu stammen aus neun Staaten, und zwar aus Frankreich, Italien, Japan, Griechenland, Österreich, Schweden, Spanien, USA, Vereinigtes Königreich. Erweitert man diese Liste noch um die zweit- und drittwichtigsten Gläubigerbeziehungen, kommen als Länder noch Australien[17], Belgien und Deutschland hinzu. Die Kreditvolumina der zweit- bzw. drittwichtigsten Gläubigerbankenstaaten reichen von 26 Prozent deutscher Banken in Österreich bis 0,18 deutscher Banken in Estland bzw. 20 Prozent deutscher Banken in Slowenien und 0,00028 Prozent österreichischer Banken ebenfalls in Estland. Schon allein der Fokus auf die wichtigsten Schuldenbeziehungen zeigt, dass einige Regierungen im hohen Maß von Banken aus einem Land abhängig sind, beispielsweise ist die estnische Regierung sehr abhängig von schwedischen Banken, während bei anderen mehrere Schuldenbeziehungen wichtig sind, so etwa bei der slowenischen Regierung.

---

17 Australische Banken halten rund vier Prozent der maltesischen Auslandskredite, sie spielen daher später bei den wichtigsten Schuldenbeziehungen keine Rolle.

Grafik 5.5: Die Beziehungen der Regierungen zu ausländischen Banken in der Eurozone (im Jahr 2018)

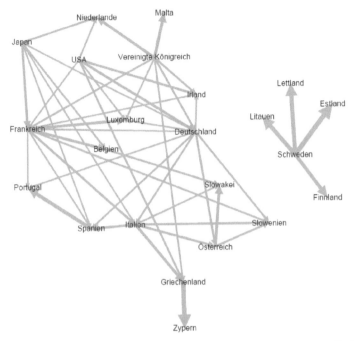

Hinweis: Abgebildet sind die Beziehungen zwischen den Regierungen der Eurozone und ausländischen Banken, deren Anteil über zehn Prozent der gesamten Schuldenquote beträgt, die eine Regierungen den ausländischen Banken schuldet. Die Dicke der Pfeile ergibt sich aus der Höhe der jeweiligen Schuldenanteile. Eigene Berechnungen und Darstellung
Quelle: Bank für Internationalen Zahlungsverkehr

Konzentriert man sich nur auf die größeren Schuldenbeziehungen und damit auf solche, deren Volumen über zehn Prozent der gesamten Auslandskredite ausmacht, so treten deutliche Verdichtungen zutage (siehe Grafik 5.5). Diese Verdichtungen kennzeichnet zum einen ein Gefälle, so stammen die Banken stets aus ökonomisch reicheren oder gleich starken, nie jedoch aus wirtschaftlich schwächeren Staaten. Zum anderen sind sie geprägt von räumlicher und/ oder historisch politikökonomisch gewachsener Nähe: Gerade bei den Regierungen, die sich vor allem im europäischen Ausland verschulden, dominieren regionale bzw. politisch-historische Beziehungen. So halten schwedische Banken fast ausschließlich die Auslandsbankenkredite der baltischen Staaten sowie Finnland. Im Süden gibt es eine enge Verbindung zwischen griechischen Banken und der zypriotischen Regierung, aber auch italienische Banken sind besonders wichtig für südliche bzw. südöstliche Regierungen. Die alten Beziehungen aus der Kolonialzeit zeigen sich zwischen britischen Banken und der maltesischen Regierung. Österreichische Banken sind besonders stark präsent in den ehemaligen Habsburger Staaten. Bei Regierungen, die sich stärker global verschulden, gibt es noch zusätzlich globale Netzwerke. So sind in Belgien, den Niederlanden, Irland, Deutschland und Frankreich auch und gerade Banken aus Japan, dem Vereinigten Königreich und den USA stark präsent.

Zusammenfassend lehren uns die Auslandsbankenkredite dreierlei: Erstens gibt es keine besonderen Verdichtungen der Kredite in der Eurozone, wohl aber im europäischen Wirtschaftsraum. Zweitens gibt es unter den Regierungen eine Hierarchie der Verschuldungsoptionen. Um sich nicht nur europäisch, sondern auch global im größeren Umfang verschulden zu können, braucht es ökonomische Größe und Stärke. Drittens zeichnen sich aber auch die großen Gläubigerstaaten durch ökonomische Stärke aus, hier dominieren aber gleichzeitig auch kleinteilige und damit dezentral organisierte Netzwerke. Es gibt also nicht per se die Gläubigerstaaten, die für alle Regierungen der Eurozone gleichermaßen von Relevanz sind. Insgesamt deuten die Auslandsbankenkredite also unterschiedliche Machtstrukturen zwischen den einzelnen Regierungen und ihren Gläubigerbanken an.

5.5 Marktbeziehungen als transnationale Machtfigurationen

Veränderungen und hier auch Öffnungen der vormals vor allem national organisierten Marktbeziehungen sind in allen hoch entwickelten Staaten zu beobachten. Die Eurozone ist geprägt von einer überdurchschnittlich hohen Transnationalisierung der Marktbeziehungen, dies unterscheidet sie von anderen. Allerdings deuten die leider nur beschränkt vorliegenden Zahlen auch an, dass das nicht im gleichen Umfang mit einer Schließung der Marktbeziehungen in der Eurozone einhergeht. So ist im Bankensektor eher von einer Schließung innerhalb des europäischen Wirtschaftsraums zu sprechen. Gleichzeitig mehren sich auch die Hinweise, dass die Öffnungen mit einem Wandel der Marktbeziehungen einhergehen, Banken verlieren an Bedeutung, während gerade ausländische Nichtbanken und ausländische Zentralbanken an Bedeutung dazugewinnen.

Was bedeutet dies nun alles für die in diesem Buch besprochenen Machtfigurationen? Alle Regierungen verschulden sich über die Finanzmärkte und sind somit von Investoren abhängig. Allerdings variiert das Ansehen der Regierungen und ihrer Staatsschuldtitel, was auch ihre Handlungsspielräume beeinflusst. Einige Schuldtitel galten schon vor der Krise als sichere Häfen und wurden daher global und stark von ausländischen Zentralbanken nachgefragt, exemplarisch stehen hier deutsche Bundesschuldtitel, während andere wohl eher gewinn- und damit risikoorientierte Investoren anzogen bzw. primär europäisch gehandelt wurden. Je nach Position auf den Finanzmärkten können Regierungen für sie günstige oder weniger günstige Kreditkonditionen erzielen. Gleichzeitig zeigen gerade die Zahlen zur Krise, dass die Position der Regierungen nicht nur von der eigenen Kreditwürdigkeit abhängt, sondern auch stets relational im Verhältnis zueinander zu sehen ist. In der Krise wurden vor allem die Schuldtitel der sogenannten sicheren Häfen nachgefragt, eben weil die anderen an Attraktivität verloren hatten. In Anlehnung an Roos kann somit geschlussfolgert werden, dass die unterschiedlichen Positionen auf dem transnationalen Staatsschuldenmarkt alleine nicht die Privilegien einzelner Regierungen begründen, „sondern vielmehr asymmetrische Privilegien in Form von strukturellen Ungleichheiten und Abhängigkeitsverhältnissen verteilen, durch die [einige Regierungen] einen symmetrischen Vorteil gegenüber anderen erlangen können" (Roos 2019, S. 58, Übersetzung der Autorin). Die unterschiedlichen Positionen erweisen sich dabei also als erstaunlich stabil. Sie sind weniger das Resultat der Krise. Aber die Krise verstärkte die bestehenden Machtfigurationen bzw. ließ sie verstärkt zutage treten.

6. Die politischen Strukturen des transnationalen Marktes für Staatsschulden

Die sogenannte Eurokrise stellt eine Zäsur für den gemeinsamen Markt dar. Denn es war lange Zeit nicht klar und wurde offen diskutiert, ob alle Staaten Mitglied der Eurozone bleiben können und ob die Eurozone und der gemeinsame Markt in ihren bisherigen Strukturen Bestand haben (vgl. Baldwin et al. 2010). Der steigende Spread[18] und das damit steigende Risiko einer Staatsinsolvenz von einzelnen Euroregierungen galten nicht nur als Gefahr für die betroffenen Staaten, sondern auch für den gemeinsamen Markt. Aus den scheinbar nationalen Problemen einzelner Regierungen wurde eine Bestandsgefahr der gemeinsamen Institutionen, zu deren Überwindung eine europäische Krisenpolitik eingeführt wurde (vgl. Preunkert und Vobruba 2012; Preunkert 2016a). Mit umfassenden europäischen Maßnahmen und Anstrengungen sollte sichergestellt werden, dass sich alle Mitglieder der Eurozone stets refinanzieren können und damit liquide bleiben. Die europäischen Regierungen gewährten betroffenen Regierungen zusammen mit dem Internationalen Währungsfonds, der Europäischen Kommission und weiteren Partnern Kredite, mit denen Schuldtitel bedient werden konnten. Gleichzeitig begann die EZB auf dem Markt tätig zu werden und dort staatliche Schuldtitel aufzukaufen.

Erinnert man sich an das Kapitel 4, so wurde dort festgestellt, dass der Euro und seine Regeln die Handlungsspielräume der beteiligten Regierungen stark begrenzten. Denn die Regierungen verloren u. a. durch die Nichtbeistandsregeln und die strikten Handlungsvorgaben an die Europäische Zentralbank öffentliche Verbündete, was auch zu einer Finanzialisierung des Staatsschuldenmanagements beitrug. Die europäische Krisenpolitik könnte auf den ersten Blick bedeuten, dass die Regierungen öffentliche Verbündete zurückgewinnen und es zu einer Definanzialisierung kommt. Die europäische Krisenpolitik würde die politische Autonomie der Regierungen gegenüber den Finanzmärkten fördern und ausbauen. Im Folgenden wird jedoch gezeigt, dass die europäische Krisenpolitik zwar die Kreditbeziehungen der betroffenen Regierungen (temporär) definanzialisiert hat. An die Stelle von privaten Investoren traten

---

18 Der Spread in der Eurozone ergibt sich aus der Differenz von den Zinsen einer Regierung zu den Zinsen der deutschen Bundesregierung, die der Benchmark der Eurozone ist. Je höher der Spread, desto höher ist das Risiko eines sogenannten Staatsbankrotts.

politische Gläubiger. Dies hat jedoch nicht die politische Autonomie der Regierungen vergrößert, sondern oftmals den gegenteiligen Effekt bewirkt. Denn in den meisten Fällen wuchsen die Handlungsspielräume der Finanzakteure und nicht der Regierungen.

Das folgende Kapitel konzentriert sich somit auf die Frage, was auf dem Markt für Staatsschulden seit dem Jahr 2010 politisch geschah und wie dies die Machtfigurationen veränderte. Damit ergänzt meine Studie die bisherigen Analysen, die vor allem die Krisenursachen aufdecken wollen und je nach Ursachendiagnose von einer Banken-, Staatsschulden-, Wirtschafts- und/oder Eurokrise sprechen (u. a. vgl. Hall 2014; Streeck 2013; Blyth 2014a; Offe 2016; Lane 2012; Blankenburg et al. 2013). Gleichzeitig knüpfe ich an ein soziologisches Krisenverständnis an. Demzufolge werden „institutionelle Problemkonstellationen" (Preunkert und Vobruba 2012) erst durch eine entsprechende Wahrnehmung und Interpretation der Akteure zu Krisen (vgl. auch Vobruba 2015b, S. 222 f.). Wenn ich also von einer Krise des gemeinsamen Marktes spreche, meine ich damit nicht, dass hier zwangsläufig die Krisenursachen liegen. Vielmehr werden aus einer soziologischen Warte die Entwicklungen auf dem gemeinsamen Markt deshalb eine Krise, weil die politisch relevanten nationalen wie europäischen Akteure sie als systemgefährdend interpretierten und entsprechend handelten. Ich rekonstruiere im Folgenden die Kriseninterpretationen und welche Maßnahmen von ihnen abgeleitet wurden. Darauf aufbauend ist es mir dann möglich, den Wandel der Machtfigurationen zu diskutieren.

6.1 Krisenpolitik: Krisendiagnosen und Krisenmaßnahmen

Krisen sind Umbruchphasen. Sie erschüttern die bestehende institutionelle Ordnung und gefährden deren Fortbestand (vgl. Hall et al. 1978). Ein Zusammenbruch wird zu einer realistischen Option, wenn auch zu keiner Zwangsläufigkeit. Allerdings werden Krisen hier nicht im Sinne einer Krankheit als Abweichung von einem Normalzustand verstanden, zu dem man nach ihrem Ende zurückkehrt.[19] Vielmehr vermute ich, dass sich in Krisenzeiten die institutionellen Strukturen wie auch deren Wahrnehmung und Interpretation durch die Akteure dauerhaft ändern. Oder um es mit Jürgen Habermas (1973b, S. 644, Übersetzung der Autorin) zu sagen, „eine Krise ist der Wendepunkt eines schicksalhaften Prozesses".

---

19 Zur Auseinandersetzung mit dem Krisenbegriff siehe Koselleck 1982.

Krisen sind Phasen des sozialen Wandels. Sie gehen mit einem hohen Maß an Unsicherheit einher (vgl. Saurugger 2016), denn es ist unklar, wie es weitergeht (vgl. Boin et al. 2005). Jedoch werden nicht alle Ausnahmesituationen als Krisen wahrgenommen; Wendepunkte in Form von gezielt herbeigeführten Umbrüchen können gewollt sein oder als Chance zur Reform verstanden werden. Institutionelle Erschütterungen werden aus einer soziologischen Perspektive nur dann zu Krisen, wenn sie von den Akteuren als solche wahrgenommen werden und diese für sich daraus eine Handlungsnotwendigkeit ableiten. „Erst wenn die Gesellschaftsmitglieder Strukturwandlungen als bestandskritisch *erfahren* und ihre soziale Identität bedroht fühlen, können wir von Krisen sprechen." (Habermas 1973a, S. 12, Hervorhebung im Original). Krisen sind somit keine objektiven Prozesse, deren Ursachen aus sich zwangläufig ergebenden Tatsachen abzuleiten sind und deren Lösungen daher automatisch auf der Hand liegen. Vielmehr werden Entwicklungen durch interpretative Aushandlungsprozesse zu Krisen, was auch bedeutet, dass die Bestimmung der Ursachen und der möglichen Lösungen das Ergebnis von Konflikten und der Durchsetzung einer Perspektive ist (vgl. Peters 2011).

Durch eine Rekonstruktion der Krisendebatten lernt man damit nicht nur, wie und wann Entwicklungen zu Krisen umgedeutet werden, sondern auch, welche Krisendeutungen und -diagnosen sich in der allgemeinen Wahrnehmung durchsetzen konnten. Krisendiagnosen versuchen, unerwartete und verunsichernde Ereignisse zu erklären und damit die Handlungsfähigkeit wiederherzustellen. Dies gilt insbesondere bei politischen Krisendeutungen und -diagnosen. Denn von „den politischen Entscheidungsträgern wird erwartet, dass sie die Unsicherheit verringern und verbindliche Angaben darüber liefern, was vor sich geht, warum es geschieht und was nicht, und zwar aus vagen, ambivalenten und widersprüchlichen Signalen, dass sich etwas Ungewöhnliches entwickelt" (Saurugger 2016, S. 73, Übersetzung der Autorin). Erst wenn die Ursachen von Problemen identifiziert und mögliche Lösungsoptionen benannt worden sind, kann (wieder) gehandelt werden. Dabei selektieren die politischen Entscheidungsträger aber auch andere Krisendiagnostiker zwangsläufig: Aus einer Reihe an Faktoren (die teilweise auch miteinander interagieren) werden bestimmte ausgewählt und als entscheidende Ursachen deklariert. Auch werden aus einem Füllhorn an Handlungsoptionen bestimmte Maßnahmen zur geeigneten Krisenmedizin ernannt. Krisen zu interpretieren und diagnostizieren heißt zu selektieren, fokussieren und damit auch auszublenden. Hierbei ist nicht zu erwarten, dass sich zwangsweise die Krisendeutung und -diagnose durchsetzt, für die es wissenschaftlich die meiste Evidenz gibt. Vielmehr sind Krisendebatten stets auch interessengeleitet und von Machtbalancen geprägt. Es ist daher eine empirische Frage, wer sich mit seinen Kriseninterpretationen und -diagnosen in den Debatten und Konflikten durchsetzen und damit den Krisendiskurs beeinflussen oder gar bestimmen kann.

Krisendiagnosen haben dabei eine Inhaltsebene: Gefragt wird hier, was die Krise verursacht hat („what has gone wrong") und was institutionell zu ihrer Bewältigung getan werden muss („what is to be done") (Blyth 2002, S. 10). Auf diese Dimension gehe ich im nächsten Kapitel ein. Sie haben aber auch immer eine Beziehungsebene. Denn Krisen stellen die bisherigen Verantwortungsstrukturen auf den Prüfstand: Wer muss in der Krise tätig werden und wem muss in der Krise geholfen werden? Zur ersten Frage: Eine erste Antwort könnte lauten: derjenige, der die Krise verursacht hat. Doch erscheint diese Antwort bei genauerer Analyse wenig plausibel. So konnte die französische Bank Société Générale ihre Krise nicht überwinden, indem sie den Börsenhändler Jérôme Kerviel[20] entließ, vielmehr bedurfte es auch institutioneller Reformen, für die die Führungsebene verantwortlich ist. Somit greifen Forderungen zu kurz, den vermeintlichen Verursacher in die Verantwortung zu nehmen. Vielmehr werden in Krisenzeiten neben den Krisenverursachern auch die Krisenmanager identifiziert. Deren Verantwortung ist der Fortbestand der institutionellen Ordnung. In den modernen Nationalstaaten ist die Regierung ein wichtiger Krisenmanager. „Nicht, daß [sic!] es keine Krisen mehr gäbe, aber infolge zunehmender Staatsintervention hat sich die Verantwortungslage geändert. Wie immer erfolglos im Einzelnen, ist der Staat zum Adressaten für Ansprüche an Krisenmanagement und Krisenvermeidung geworden. Unter der Regie der ‚visible hand' gewinnt der Ruf nach staatlichen Maßnahmen den Vorrang. Dafür braucht man sich nicht als Klasse zu organisieren, darauf hat man als Staatsbürger einen Anspruch" (Luhmann 1994, S. 164 f.). Als Repräsentant der nationalstaatlichen Souveränität werden die Regierungen in der Verantwortung gesehen und sehen sich auch selbst in der Pflicht, nationale Krisen zu bewältigen. Allgemeiner kann gesagt werden, politische Akteure sind die Krisenmanager für den Raum, für den sie die politische Verantwortung tragen. So werden beispielsweise kommunale Krisen von kommunalen Politikern bekämpft, außer die kommunalen Probleme gelten als Gefahr für die nächsthöhere politische Ebene. Dann treten deren politische Akteure auf den Plan. In Deutschland würde dann aus der kommunalen Krise das Problem eines Bundeslandes und die Landesregierung würde als Krisenmanager aktiv werden und so weiter. Damit stellt sich für den gemeinsamen Markt die Frage, wann europäische Krisenmanager auf den Plan traten, was ihre Motive und Interessen waren, wie sie die Entwicklungen deuteten und welche Krisenpolitik sie letzten Endes umsetzten.

---

20 Der Börsenmakler hatte knapp fünf Milliarden Euro an der Börse verloren und so der Bank nicht nur enormen Schaden zugefügt, sondern auch eine Vertrauenskrise verursacht. In seiner Verteidigung betont er stets, dass seine Vorgesetzten weggesehen hätten und daher eine Mitschuld trügen. Er wurde zu fünf Jahren Haft verurteilt.

Daran anschließend kann dann geklärt werden, wem in der Krise geholfen wurde und warum. Wirtschaftliche Krisen erschüttern im Gegensatz zu individuellen Krisen von einzelnen Akteuren institutionalisierte kollektive Ordnungen. Zur Stabilisierung Letzterer gilt es, aus dem Pool an betroffenen Akteuren die zu identifizieren, die für den Fortbestand der Ordnung von Bedeutung sind, und sie zu unterstützen. So gelten seit der globalen Finanzmarktkrise Banken zwar als Verursacher der Krise. Sie wurden aber auch als systemrelevante Akteure für die Finanzmärkte identifiziert, weshalb sie umfassend und kostspielig unterstützt wurden (vgl. Mayntz 2012; Preunkert 2012). In der Eurokrise stellte sich dementsprechend auch die Frage, welche Akteure für den gemeinsamen Markt und damit die Eurozone systemrelevant sind und zur Stabilisierung Hilfe erfahren müssen. Zwischen 2010 und 2012 wurde es Schritt für Schritt zum eurozonenweiten Konsens, dass einzelstaatliche Zahlungsprobleme eine Gefahr für den gemeinsamen Markt und damit die Eurozone sind und deshalb als ein kollektives Problem bewertet werden müssen. Die (drohende) Zahlungsunfähigkeit einzelner Regierungen gilt nun als Bedrohung für den gemeinsamen Markt für Staatsschulden, der kollektiv begegnet werden muss.

Das Auftauchen der europäischen Krisenmanager und die Definition der systemrelevanten Akteure veränderten die Machtfigurationen auf dem gemeinsamen Markt. Zu den bestehenden Kreditbeziehungen kamen neue hinzu. Diese neuen Beziehungen sind eine Reaktion auf die Marktstörungen. Sie wurden eingeführt, weil die bestehenden Kreditbeziehungen instabil wurden oder sich auflösten. Dies bedeutet auf der einen Seite, dass die neuen Kreditbeziehungen die bestehenden Kreditverflechtungen beeinflussten und veränderten. Es ist daher in den nächsten Abschnitten zu fragen, wie das europäische Krisenmanagement auf die bestehenden Beziehungsstrukturen einwirkt. Auf der anderen Seite stehen die neuen Kreditbeziehungen für sich, sie sind eigenständige Machtbeziehungen zwischen den Krisenmanagern und den Krisenbetroffenen. Dementsprechend muss auch gefragt werden, wie hier die Macht verteilt ist.

6.2 Die europäischen Rettungsprogramme: Gläubiger- und Schuldnerregierungen

Bis zum Jahr 2010 galt auf europäischer Ebene: eine Regierung, ihre Schulden, ihre Verantwortung. Die Regierungen sollten sich eigenverantwortlich verschulden. Europäische Maßnahmen gegen steigende Zinsen und wachsenden Kreditproblemen galten als unnötig, ja sogar als kontraproduktiv. Denn – so die damalige Argumentation – eine solche Hilfe habe eine fatale Signalwirkung für die Regierungen und die Gläubiger (siehe auch Kapitel 3 und 5). Mit einer europäischen Krisenpolitik würden die Regierungen weniger diszipliniert haushalten und die Gläubiger würden die Regierungen weniger streng bewerten. Denn im Zweifelsfall stehe ja eine Instanz bereit, die einspringen könne und werde. Diese Politik galt (unhinterfragt), solange die Zinsen niedrig und die Zinskonvergenz hoch war.

Ab dem Winter 2009/2010 wuchs der griechische Spread. Er stieg von gut einem Prozent im Oktober 2009 auf fast zehn Prozent im Dezember 2010. Seinen höchsten Wert erreichte er mit über 27 Prozent im Februar 2012. Etwas später folgten dann der irische und der portugiesische Spread. So nahm der irische von unter einem Prozent im Januar 2010 auf über fünf Prozent am Ende desselben Jahres zu und hatte im Juli 2011 mit zehn Prozent seinen Höchststand. Der portugiesische erreichte im Januar 2012 sogar einen Wert von etwas über zwölf Prozent. Im Jahr 2011 zog dann auch der zypriotische Spread an (siehe Grafik 6.1). Auf etwas niedrigerem Niveau vergrößerte sich der Spread im selben Zeitraum auch für italienische und spanische Schuldtitel. In beiden Fällen blieb der Spread zwar bei unter sechs Prozent; da Italien und Spanien jedoch der viert- bzw. fünftgrößte Wirtschaftsraum der EU sind, wurden auch diese Anstiege wachsam politisch verfolgt und diskutiert (vgl. Hodson 2014). Ab dem Jahr 2010 nahm also die Gefahr zu, dass diese Regierungen kurzfristig ihre Kredite nicht mehr über die Finanzmärkte refinanzieren und langfristig ihre Schulden gar nicht mehr bedienen konnten (vgl. Copelovitch et al. 2016). Ein sogenannter Staatsbankrott wurde zu einem realen Szenario.

Grafik 6.1: Spread von ausgewählten Schuldtiteln (2009–2019)

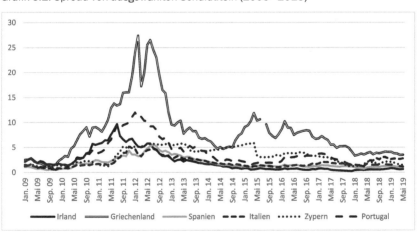

Hinweis: Spread meint die Differenz der Zinsrenditen für zehnjährige Staatsschulden zwischen ausgewählten Mitgliedern der Eurozone und der deutschen Bundesregierung, eigene Berechnung
Quelle: EZB

Zu Beginn der Turbulenzen, zu einer Zeit, als nur die Zinsen für griechische Schuldtitel stiegen, beharrten viele europäische Regierungen auf der alten Logik. Europäische Hilfsmaßnahmen wurden mit Verweis auf die Nichtbeistandsregel abgelehnt (vgl. Blackstone 2010; EurActiv 2010a). Gerade die deutsche Bundesregierung sprach sich gegen eine Hilfe aus und betonte Eigenverantwortlichkeit der griechischen Regierung (zur Entwicklung der Krise und der Krisenpolitik siehe Preunkert und Vobruba 2012). Die europäischen Regierungen versuchten, die Entwicklung des griechischen Spreads zu isolieren und zu nationalisieren: Es handle sich um ein nationales Problem, für das die griechische Regierung die Verantwortung trage und das keine Auswirkungen auf den gemeinsamen Markt habe. Gleichzeitig wurde die griechische Regierung aufgefordert, die Sparmaßnahmen zu intensivieren und noch strikter umzusetzen (vgl. EurActiv 2010a). Da sich der griechische Spread aber weiter vergrößerte und auch die Zinsen von weiteren Regierungen in die Höhe schnellten, veränderte sich die Debatte (vgl. Europäische Kommission 2010d; Hodson 2011): Am 2. Mai 2010 verständigten sich die übrigen Regierungen darauf, der griechischen Regierung bilaterale Kredite zu gewähren (vgl. Copelovitch et al. 2016; Mitglieder der Eurozone 2010). Mit dem Geld sollte es der griechischen Regierung ermöglicht werden, ihre fälligen Schuldtitel zu refinanzieren (vgl. Ioannou et al. 2015). Dabei musste sich die griechische Regierung auch auf Betreiben der deutschen Bundesregierung im Gegenzug dazu verpflichten, eine strikte Austeritätspolitik einzuführen und sogenannte Strukturreformen durchzuführen (vgl. Matthijs und McNamara 2015; Zettelmeyer et al. 2012). Zwischen Mai 2010 und Juni 2013 sollten ursprünglich 110 Milliarden Euro als Kredite in mehreren Tranchen an die griechische Regierung ausgezahlt werden. 80 Milliarden stellten die europäischen Regierungen und 30 Milliarden der IWF. Die Summe reduzierte sich dann um 2,7 Milliarden Euro, da die slowakische Regierung ihre Teilnahme an dem Projekt zurückzog und die irische sowie die portugiesische Regierung wegen der eigenen Probleme ihr Engagement reduzierten. Zu Beginn des Jahres 2010 setzte sich somit unter den Regierungen in der Eurozone eine neue Sichtweise auf den gemeinsamen Markt und seine Beziehung durch (vgl. Copelovitch et al. 2016); demnach barg die mögliche Illiquidität eines Mitglieds zu viele Unsicherheiten für die restlichen Marktmitglieder und musste deshalb kollektiv verhindert werden. Allerdings wurde auch versucht, die Bedeutung der Hilfe für die griechische Regierung herunterzuspielen: die Situation in Griechenland sei eine besondere und die Hilfe eine einmalige Sache. Weder bräuchten andere Regierungen eine solche Unterstützung noch sollte eine europäische Krisenpolitik institutionalisiert werden.

Trotz der Kreditzusagen ging der Spread jedoch weder bei den griechischen Schuldtiteln noch bei den anderen gefährdeten Schuldtiteln zurück (siehe Grafik 6.1). Vielmehr spitzte sich die Situation weiter zu. Auf einer Sondersitzung des europäischen Finanzministerrats in der Nacht vom 9. auf den 10. Mai 2010 konnten sich deshalb die Stimmen durchsetzen, die eine institutionalisierte europäische Krisenpolitik forderten. Wortführer war hier die französische Regierung (vgl. Preunkert und Vobruba 2012). Die Eurozone und damit auch der gemeinsame Markt für Staatsschulden sollten in seiner damaligen Form erhalten bleiben und kriselnde Regierungen dafür Hilfen in Form von Krediten erhalten. Dagegen fand die deutsche Bundesregierung für ihre Forderung keine Mehrheit, die besonders betroffenen Regierungen gegebenenfalls aus dem gemeinsamen Markt auszuschließen und so die Stabilität des Marktes sicherzustellen. Auch nicht durchsetzen konnte sie sich mit ihrer Idee, die Investoren durch eine entsprechende Regelung zu verpflichten, sich an der Bewältigung der Krise zu beteiligen (vgl. EurActiv 2010b). Im Juni 2010 wurde daraufhin ein zeitlich begrenzter Rettungsmechanismus eingerichtet. Regierungen konnten hier Kredite beantragen. Allerdings sollten diese primär der Refinanzierung ihrer Schulden dienen, und sie mussten mit den Geldgebern finanz-, fiskal- und wirtschaftspolitische Ziele vereinbaren sowie deren Umsetzung von denselben überwachen lassen (vgl. Blankenburg et al. 2013; Matthijs und McNamara 2015). Dieser Rettungsmechanismus umfasste zunächst ein Kreditvolumen von 750 Milliarden Euro. 60 Milliarden davon stellte die Europäische Kommission im Rahmen des Europäischen Finanzstabilisierungsmechanismus zur Verfügung. 440 Milliarden Euro wurden von der Europäischen Finanzstabilisierungsfazilität bereitgestellt. Hierbei handelt es sich um eine Aktiengesellschaft, die von den Regierungen der Eurozone im Juni 2010 eingerichtet wurde und ursprünglich eine Laufzeit bis ins Jahr 2013 hatte. Der Europäische Finanzstabilisierungsmechanismus nahm Kredite auf den Finanzmärkten auf, die er dann an Regierungen weitergeben konnte und die von den anderen Regierungen anteilig nach ihrer Wirtschaftskraft mit zugesicherten Bürgschaften abgesichert wurden (vgl. Ioannou et al. 2015). Beispielsweise beteiligte sich die deutsche Regierung als größte Wirtschaft der Eurozone mit 28 Prozent an den Garantieleistungen, was rund 123 Milliarden Euro entspricht. Vom IWF wurden schließlich rund 250 Milliarden Euro beigesteuert.

Diese Krisenpolitik war das Eingeständnis, dass nicht nur die griechische, sondern auch weitere Regierungen von einem besorgniserregenden Spread betroffen waren und ein staatlicher Zahlungsausfall auch für sie zu einer realen Gefahr geworden war (vgl. De Grauwe 2013). Gleichzeitig festigte das Programm das neue Marktverständnis, wonach die Zahlungsprobleme eines Mitglieds den gesamten Markt destabilisieren können. Zum einen hätte ein Zahlungsausfall das Misstrauen der Investoren gegenüber der Eurozone insgesamt verstärken und deshalb Zahlungsprobleme weiterer Regierungen zur Folge haben können (vgl. De Grauwe 2013; Matthijs und McNamara 2015). Zum anderen hätte er die betroffenen Investoren destabilisieren können, was wiederum zu Turbulenzen auf den Finanzmärkten geführt hätte (vgl. Sachverständigenrat 2011; Steinberg und Vermeiren 2016). Auch hätten in diesem Fall eventuell deren Heimatregierungen stabilisierende Hilfen gewähren müssen, was wiederum deren Staatshaushalt belastet hätte. Beides galt es, zum Wohl des gemeinsamen Marktes und zum Wohl seiner übrigen Mitglieder zu vermeiden. Die Regierungen wurden zu systemrelevanten Akteuren, die im Krisenfall Hilfe erhalten sollten. Allerdings sollte ganz im Sinne der alten Logik von vor dem Jahr 2010 auch vermieden werden, dass mit dem Programm falsche Anreize gesetzt wurden. „Mitgliedstaaten sollen sich [weiterhin] nicht darauf verlassen können, dass die Folgen von fiskalpolitischem Fehlverhalten am Ende von den Steuerzahlern der Gemeinschaft getragen werden müssen" (Sachverständigenrat 2010, S. 96). Dies erklärt, warum das Programm temporär angelegt war. Die europäische Krisenpolitik sollte helfen, ein einmaliges Problem zu bewältigen. Es wurde damit versucht, weiterhin die Singularität der damaligen Krise zu betonen und das Problem auf einige wenige Regierungen zu begrenzen.

In Anspruch genommen wurden die Maßnahmen von Irland, Portugal und Griechenland. Diese wie auch die späteren Rettungsprogramme des Europäischen Stabilitätsmechanismus ähneln sich in ihrem Ablauf. Alle wurden zunächst für drei Jahre bewilligt und die Kredite wurden stets in Tranchen ausgezahlt. Der irischen Regierung wurden im Dezember 2010 85 Milliarden Euro an Krediten in einem Rettungsprogramm gewährt (vgl. Europäische Kommission 2019a). 22,5 Milliarden Euro stellte die Europäische Kommission durch den Europäischen Finanzstabilisierungsmechanismus zur Verfügung, 17,7 Milliarden Euro die anderen Regierungen durch die Europäische Finanzstabilisierungsfazilität und 22,5 Milliarden Euro der IWF. Zusätzlich beteiligten sich noch die Regierungen aus Großbritannien, Schweden und Dänemark, die bilaterale Kredite in Höhe von 3,8 Milliarden Euro bzw. 0,6 und 0,4 Milliarden Euro beitrugen. Die restlichen 17,5 Milliarden Euro kamen aus Irland selbst, und zwar vom National Pensions Reserve Fund. Das Programm endete im Dezember 2013. Die Kredite hatten zu Beginn eine durchschnittliche Laufzeit von 7,5 Jahren (vgl. EurActiv, 2010c), die später auf bis zu 30 Jahre verlängert wurden. Allerdings begann die irische Regierung bereits im Dezember 2014, die Schulden gegenüber dem IWF zu begleichen, im Jahr 2017 zahlte sie dann die bilateralen Kredite vorzeitig zurück (vgl. National Treasury Management Agency 2019). Dazu meinte der irische Direktor für Finanzierung und Schuldenmanagement Frank O'Connor im September 2017: „Dies ist nicht das erste Mal, dass Irland eine vorzeitige Rückzahlung von Programmkrediten vornimmt. Der NTMA [National Treasury Management Agency, die irische Agentur für Staatsschuldenmanagement, Anmerkung der Autorin] hat bereits früher Maßnahmen ergriffen, um über 18 Milliarden EUR an IWF Anlagen frühzeitig zu begleichen und so die Vorteile der reduzierten Marktkreditkosten zu nutzen und Einsparungen für die Staatskasse zu erzielen" (zitiert nach National Treasury Management Agency 2017, Übersetzung der Autorin). Die Zinsen dieser Kredite lagen somit nach dem Ende des Programms bald über den

Zinsen, die die irische Regierung auf den Finanzmärkten zahlen musste. Im April 2011 beantragte die portugiesische Regierung ein Rettungsprogramm, das ihr im Mai gewährt wurde und eine Laufzeit bis Mitte 2014 hatte (vgl. Europäische Kommission 2019b). Insgesamt erhielt die Regierung 76,8 Milliarden Euro, von denen 24,3 Milliarden Euro der Europäische Finanzstabilisierungsmechanismus, 26 Milliarden Euro die Europäische Finanzstabilisierungsfazilität und 26,5 Milliarden Euro der IWF stellte. Die Laufzeit der Kredite lag hier ursprünglich bei durchschnittliche sieben Jahren, bevor sie später auf bis zu 26 Jahre verlängert wurde. Allerdings begann auch diese Regierung, die IWF-Kredite ab April 2014 zurückzuzahlen. Sie nutzte hierbei die günstigen Kredite des Europäischen Finanzstabilisierungsmechanismus und der Europäischen Finanzstabilisierungsfazilität, um die teureren Kredite des IWF zu ersetzen (vgl. Europäische Kommission 2019b).

Schließlich einigte sich die griechische Regierung mit den übrigen Regierungen der Eurozone und dem IWF im März 2012 auf ein weiteres Rettungsprogramm (vgl. Europäische Kommission 2019c). Bis zum Ende des Jahres 2014 sollte die Regierung gut 160 Milliarden Euro erhalten. Der Zeitraum wurde später bis Mitte des Jahres 2015 verlängert. An dem Programm beteiligt waren nur die Europäische Finanzstabilisierungsfazilität mit 141,8 Milliarden Euro und der IWF mit 19,8 Milliarden Euro, nicht aber der Europäische Finanzstabilisierungsmechanismus und damit die Europäische Kommission. Auch wurden hier später lange Laufzeiten vereinbart, einige Kredite müssen erst im Jahr 2060 zurückgezahlt werden.[21] Zusätzlich zu diesen Krediten wurde auch vereinbart, dass auch die Investoren animiert werden sollten, sich freiwillig an einer Linderung der griechischen Situation zu beteiligen (vgl. Blankenburg et al. 2013). „Die Gläubiger, darunter viele europäische Banken […], verzichteten auf 53,5 Prozent des Nennwerts der Forderungen und erhielten neue, garantierte Anleihen mit längerer Laufzeit und einer niedrigeren Verzinsung von 3,65 Prozent." (Plickert 2015) Von den Schuldtiteln im Wert von 205,6 Milliarden Euro, die für das Umtauschangebot infrage kamen, wurden immerhin 197 Milliarden Euro oder 95,7 % getauscht (vgl. Europäische Kommission 2019c). Die griechische Regierung konnte so ihre nominale Schuld um 105 Milliarden Euro senken. Allerdings hielt dieser „Entlastungseffekt" nicht lange an (vgl. Plickert 2015). Denn die griechische Wirtschaft, die sich in einer tiefen Rezession befand, schrumpfte noch stärker. Bereits Ende 2012 war die Schuldenquote deshalb wieder höher als vor dem Umtausch.

---

21 Auch die griechische Regierung beglich aus den gleichen Gründen wie die irische bzw. die portugiesische Regierung zwischen den Jahren 2013 und 2015 einen Teil ihrer Schulden beim IWF, bzw. zahlte der Europäischen Finanzstabilisierungsfazilität Anfang des Jahres 2015 gut zehn Milliarden Euro zurück.

Während die Maßnahmen anliefen, wurde auf europäischer Ebene weiter darüber diskutiert, ob die bisherige Krisenpolitik ausreichend sei. Ins Gespräch gebracht wurde sowohl eine Laufzeitverlängerung der Europäischen Finanzstabilisierungsfazilität als auch eine Verstetigung der Krisenpolitik (vgl. Ledina und Meunier 2013). Gleichzeitig gab es unterschiedliche Vorstellungen, ob und wie die Investoren mit in die Krisenbekämpfung eingebunden werden können. Vor dem Hintergrund der weiter zunehmenden Zinsdivergenz und steigender Spreads in der Eurozone konnte sich bereits im Dezember 2010 die Idee der Verstetigung durchsetzen. Auf der Basis eines deutsch-französischen Vorschlags beschlossen die Finanzminister der Eurozone einen dauerhaften Rettungsmechanismus nach dem Auslaufen der Europäischen Finanzstabilisierungsfazilität einzuführen (vgl. EurActiv 2010c). Der sogenannte Europäische Stabilitätsmechanismus trat im September 2012 in Kraft und hatte anfänglich ein Kapitalvolumen von 700 Milliarden Euro. In seiner Organisation und Arbeitsweise ähnelt er in mehrerlei Hinsicht der Europäischen Finanzstabilisierungsfazilität: Auch er ist ein Finanzinstitut, das auf den Finanzmärkten Kredite aufnimmt und dann mit etwas höheren Zinsen an anfragende Regierungen (und auch Banken) weitergibt. Auch hier zahlen die Mitglieder der Eurozone anteilig entsprechend ihrer Wirtschaftskraft ihren Beitrag ein, allerdings sind es hier nicht nur Bürgschaften, sondern auch Kapital (vgl. Ioannou et al. 2015). Auch hier werden Kredite nur vergeben, wenn die beantragende Regierung weitreichende Ziele in den drei Bereichen (Finanzsektor, Staatshaushalt und Wirtschaft) mit den Geldgebern vereinbart und ihre Umsetzung von denselben überwachen lässt (vgl. Blankenburg et al. 2013; Hall 2014; Zettelmeyer et al. 2012; siehe auch Kapitel 7). Und schließlich werden auch hier die weiteren Kredittranchen nur ausgezahlt, wenn die Geldgeber mit dem Fortschritt der Zielumsetzungen zufrieden sind.

Nachdem die Regierungen der Eurozone also lange Zeit versucht hatten, durch eine Marginalisierung der Probleme die Märkte zu beruhigen (vgl. Blankenburg et al. 2013), kam es im Dezember 2010 zu einer Kehrtwende. Nun sollte das Vertrauen der Investoren in die Rückzahlungsfähigkeiten aller Mitglieder der Eurozone und in die Stabilität der Eurozone insgesamt durch eine auf Dauer gestellte gemeinsame Krisenpolitik zurückgewonnen werden (vgl. Ledina und Meunier 2013). „Die Staats- und Regierungschefs der Eurozone sind bereit, alles zu tun, was notwendig ist, um die Stabilität der Eurozone als Ganzes zu gewährleisten", so der damalige Präsident des Europäischen Rates Herman Van Rompuy (zitiert nach EurActiv 2010d). Die Regierungen gelten nun endgültig als systemrelevante Akteure, deren Zahlungsfähigkeiten es zum Wohl und zur Stabilität des Marktes zu bewahren gilt. Allerdings wird weiterhin gefürchtet, dass sich Regierungen auch aufgrund der europäischen Krisenpolitik zu sorglos auf den Finanzmärkten verschulden. Der Europäische Stabilitätsmechanismus soll auf keinen Fall dazu einladen, sich (zu) hoch zu verschulden, um sich dann von den anderen Regierungen Hilfe zu holen. Insbesondere auf Drängen der deutschen Bundesregierung (vgl. EurActiv 2010d) heißt es deshalb in dem nun neu eingeführten Art. 136 Absatz 3 des Vertrags über die Arbeitsweise der Europäischen Union: „Die Mitgliedstaaten, deren Währung der Euro ist, können einen Stabilitätsmechanismus einrichten, der aktiviert wird, wenn dies unabdingbar ist, um die Stabilität des Euro-Währungsgebiets insgesamt zu wahren. Die Gewährung aller erforderlichen Finanzhilfen im Rahmen des Mechanismus wird strengen Auflagen unterliegen." Hilfe durch den Europäischen Stabilitätsmechanismus sollen die Regierungen nur in höchster Not in Anspruch nehmen und mit politischen Zugeständnissen bezahlen. Auf die politischen Konditionen der europäischen Krisenpolitik und ihren Folgen komme ich im nächsten Kapitel ausführlich zu sprechen. Dagegen wurde auf eine verpflichtende Einbindung der Investoren verzichtet. Vielmehr heißt es dazu im Vertrag des Europäischen Stabilitätsmechanismus nur vage: „Entsprechend der Praxis des IWF ist in Ausnahmefällen eine Beteiligung des Privatsektors in angemessener und verhältnismäßiger Form in Fällen in Betracht zu ziehen, in denen die Stabilitätshilfe in Verbindung mit Auflagen in Form eines makroökonomischen Anpassungsprogramms gewährt wird." Die Investoren sollen somit weiterhin, wenn überhaupt, nur freiwillig und in einzelnen Fällen bei der Bewältigung von Krisen einbezogen werden.[22]

Bislang wurde der Europäische Stabilitätsmechanismus zweimal von Regierungen in Anspruch genommen.[23] Im Frühling 2012 beantragte die zypriotische Regierung ein Rettungsprogramm, das im Juni 2012 gewährt wurde (vgl. Europäische Kommission 2019d). Das Programm begann im April 2013 mit einer Laufzeit von drei Jahren und endete demnach 2016. Die Hilfe umfasste zehn Milliarden Euro. Neun Milliarden Euro stellte der Europäische Stabilitätsmechanismus und eine Milliarde der IWF, wobei die zypriotische Regierung nur 6,3 Milliarden Euro des Europäischen Stabilitätsmechanismus abrief. Zurückgezahlt werden müssen die Kredite ab dem Jahr 2026 bis 2031. Jedoch begann

---

22 Seit dem Jahr 2012 müssen alle Staatsschuldtitel aus der Eurozone eine sogenannte ‚Collective Action Clause' beinhalten. Hierbei handelt es sich um eine bilaterale Vereinbarung zwischen der Regierung und Teilen ihrer Investoren, die ganz der Logik der Krisenpolitik folgend auf dem Prinzip der Freiwilligkeit beruht und die dann für alle Investoren bindend wirkt (vgl. Bradley und Gulati 2013). So soll verhindert werden, dass einzelne Investoren sich beispielsweise einer Umschuldung verweigern. Es ist jedoch eine empirisch offene und erst in der Zukunft zu klärende Frage, inwieweit diese Klausel greift und deshalb künftig die privaten Investoren bei staatlichen Rückzahlungsschwierigkeiten leichter zur Rechenschaft gezogen werden können.

23 In dem oft genannten dritten Fall nahmen spanische Banken und nicht die spanische Regierung Kredite in Anspruch, weshalb hierauf im Folgenden nicht eingegangen wird (vgl. Hodson 2014).

auch die zypriotische Regierung aus den oben genannten Gründen bereits im Jahr 2016, wesentliche Teile des IWF-Kredits zu bedienen.

Als zweite Regierung nahm die griechische den Europäischen Stabilitätsmechanismus in Anspruch. Im August 2015 wurden ihr Kredite im Volumen von 86 Milliarden Euro bewilligt, wovon sie 61,9 Milliarden Euro bis zum Ende des Programms im August 2018 ausbezahlt bekam. Der IWF beteiligte sich dieses Mal nicht an der Hilfsmaßnahme. Für ihn war die griechische Schuldenlast nicht mehr tragfähig, weshalb er einen Schuldenschnitt und damit eine Beteiligung der Investoren an der Krisenbewältigung befürwortete und zur Bedingung für ein weiteres Engagement machte (vgl. EurActiv 2017a). Dies wurde jedoch wie eben von den europäischen Regierungen und hier insbesondere von der deutschen Bundesregierung abgelehnt (vgl. EurActiv 2017b). Stattdessen betonte die deutsche Regierung, dass Griechenland kein Schulden-, sondern ein Wachstumsproblem habe und es daher wichtiger sei, die Wirtschaft durch Strukturreformen zu stärken (vgl. Dams 2017). Auch sei ein Schuldenschnitt unfair den anderen Krisenstaaten gegenüber. So meinte Jens Spahn, zum damaligen Zeitpunkt Parlamentarischer Staatssekretär im Bundesministerium der Finanzen: „Unsere spanischen Freunde werden zum Beispiel sagen: ‚Warte – das wäre nicht fair: Wir führen Reformen durch und bekommen keinen Schuldenschnitt und jetzt redet Ihr davon, Griechenland einen zu geben?!'" (zitiert nach EurActiv 2017b, Übersetzung der Autorin). Ein Schuldenschnitt hätte auch bedeutet, dass der Europäische Stabilitätsmechanismus und damit die Regierungen Geld verloren hätten, was besonders die deutsche Bundesregierung als größten Beitragszahler des Europäischen Stabilitätsmechanismus betroffen hätte. Die Gegnerschaft lässt sich damit auch innenpolitisch erklären. Die Bundesregierung hatte Sorge vor den Reaktionen der eigenen Bevölkerung bei einem solchen Verlust. Jedoch wurden die Zinskosten für die griechische Regierung im Laufe der Aushandlungsprozesse rund um dieses Hilfsprogramm reduziert (vgl. EurActiv 2017b). So wurden Zinszahlungen des zweiten Programms aus dem Jahr 2012 für zehn Jahre gestundet, und in diesem dritten Programm lag der Zinssatz zu Beginn bei 0,86 Prozent.

Grafik 6.2: Anteil der Rettungsprogramme an den Staatschulden (in Prozent, 2009–2018)

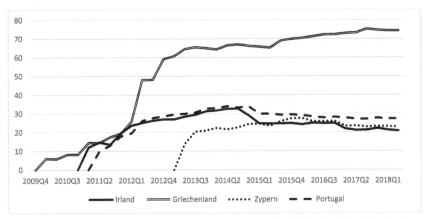

Hinweis: Die Rettungsprogramme beinhalten die bilateralen Kredite für Griechenland, den Europäischen Finanzstabilisierungsmechanismus, die Europäische Finanzstabilisierungsfazilität, den Europäische Stabilitätsmechanismus und die Kredite des IWF, eigene Berechnungen und Darstellung
Quelle: Eurostat, Europäische Kommission, IWF

In der Krise traten mit der Europäischen Kommission, dem IWF und den europäischen Regierungen neue Gläubiger auf den Plan (vgl. Blankenburg et al. 2013; Copelovitch et al. 2016; De Grauwe 2014; Eichengreen 2012). Damit wurden auch neue und neuartige Kreditbeziehungen institutionalisiert. Die drei Akteure stellten insgesamt ein Kreditvolumen von fast 500 Milliarden Euro zur Verfügung. Dies ist wenig im Vergleich zu den rund 8.700 Milliarden Euro Schulden, die die Mitglieder der Eurozone gemeinsam zusammenbringen. Für einzelne Regierungen stellen die Rettungsprogramme eine wichtige Finanzquelle dar (siehe auch Grafik 6.2). So wurden noch im Jahr 2018 mehr als die Hälfte der griechischen Staatsschulden von der Europäischen Finanzstabilisierungsfazilität und dem Europäischen Stabilitätsmechanismus gehalten. Auch im Fall von Irland und Portugal blieben die Europäische Kommission und die anderen europäischen Regierungen auch nach dem Ende der Programme wichtige Gläubiger. Noch im Jahr 2018 und damit vier Jahre nach dem Ende der beiden Rettungsprogramme wurden gut 27 Prozent der portugiesischen Staatsschulden und fast 21 Prozent der irischen Titel von den beiden Akteuren gehalten. Die Kredite des IWF sind dagegen weitgehend beglichen worden. Auch das Kreditvolumen von 6,3 Milliarden Euro, das die europäischen Regierungen für das zypriotische Programm zur Verfügung gestellt hatten und noch im Jahr 2018 hielten, ist mit 21 Prozent mehr als ein Fünftel der zypriotischen Schuldenlast. Auch hier wurde der IWF-Kredit bereits zurückgezahlt. Die europäischen Regierungen, die Europäische Kommission und der IWF boten den vier Regierungen in einer Krisensituation Kredite an, deren Zinsen unter den damaligen Marktpreisen lagen. Damit stimmt es, dass die Rettungsprogramme „[…] die Zinsen reduziert haben, die Griechenland – und die anderen südeuropäischen Staaten – für ihre Schulden zahlen" mussten (Vines 2015, S. 871, Übersetzung der Autorin). Sie stellen eine Finanzierungsalternative zu den Finanzmärkten da. Aber erweiterten sie auch die Handlungsspielräume der Regierungen, die ihre Kredite in Anspruch nehmen?

Hiergegen spricht einmal, dass die Kredite zwar gewährt wurden. Diese standen den Regierungen jedoch nicht zur freien Verfügung, sondern sollten vor allem genutzt werden, um fällige Schulden auf den Finanzmärkten zu bedienen. Es handelt sich also um „marktfreundliche Lösungen" (Blankenburg et al. 2013, S. 469). Investoren, die die Kredite nicht erneuern wollten, wurden mit den Krediten aus den Rettungsprogrammen ausgezahlt. Letzten Endes stellten die Programme somit sicher, dass Investoren stets ihr Geld zurückbekommen. Dazu passt auch, dass Investoren nicht verbindlich in die Krisenbewältigung eingebunden wurden. Vielmehr wurde hier auf das Prinzip der Freiwilligkeit gesetzt. Denkt man sich die Beziehung zwischen den kriselnden Regierungen, den Investoren der Rettungsprogramme und den privaten Investoren als Triade, wird deutlich: Die Europäische Kommission, der IWF und die europäischen Regierungen traten aller Rhetorik zum Trotz eher als Verbündete der Investoren denn der Regierungen auf. Die Eurozone ist somit ein „supranationales Währungssystem, das explizit die Interessen der privaten Anleger (Gläubiger) über die der Staaten stellt" (Blankenburg et al. 2013, S. 465, Übersetzung der Autorin). Im Einklang mit diesem Handlungsansatz wird in der europäischen Debatte auch mehr von einer Staatsschulden- denn von einer Bankenkrise gesprochen (vgl. Blankenburg et al. 2013). Es ist damit Peter Hall (2012, S. 366, Übersetzung der Autorin) zuzustimmen, wenn er festhält: „Tatsächlich haben die politischen Entscheidungsträger die Krise einige Monate nach ihrem Beginn im Jahr 2010 als politisches Problem für die GIIPS (Griechenland, Italien, Irland, Portugal, Spanien) und nicht als europäische Bankenkrise dargestellt, […]." Als Verursacher galten die Regierungen, die nicht gut gehauswirtschaftet haben, und nicht die Banken, welche leichtfertig Kredite vergaben und damit ein Ausfallrisiko eingingen. Dementsprechend war es nur folgerichtig, die Regierungen und nicht die Banken in die Pflicht zu nehmen, die Krise zu bewältigen.

Mit dem Start der Krisenpolitik spalteten sich die Regierungen der Eurozone in Schuldner- und Gläubiger. Die in Kapitel 3 skizzierte Triade zwischen den verschiedenen Regierungen und den privaten Investoren war aktiviert worden (siehe Grafik 6.3). Denn die späteren kriselnden Regierungen hatten sich stark bei Banken aus dem nördlichen Teil der Eurozone verschuldet (vgl. Alison und Aidan 2016; Copelovitch et al. 2016; Gros 2012). „Deutsche und französische Banken hielten PIIGS [portugiesische, irische, italienische, griechische und spanische, Anmerkung der Autorin] in einer geschätzten Höhe von 1

Billion US-Dollar. Davon entfiel etwa die Hälfte – d. h. 20 Prozent des französischen BIP – auf französische Banken. Standard & Poor's spricht sogar von 30 Prozent des BIP" (Blyth 2014a, S. 125). Insbesondere französische und deutsche Banken hatten somit im großen Umfang Anleihen der südeuropäischen Regierungen erworben (vgl. Ledina und Meunier 2013). Wären die privaten Investoren zur Rechenschaft gezogen worden, hätten diese Verluste eingefahren. Dies erklärt auch, warum beide Regierungen nach der oben beschriebenen anfänglichen Skepsis die europäische Krisenpolitik vorantrieben. Denn im Falle eines Schuldenschnitts hätten beide Regierungen fürchten müssen, dass ihr Finanzsektor in Probleme gerät und im schlimmsten Fall staatliche Unterstützung benötigt. Eine ähnliche Konstellation erklärt wohl auch die bilateralen Kredite, die die irische Regierung von der britischen, schwedischen und der dänischen Regierung erhielt und damit von Regierungen außerhalb der Eurozone. In allen Fällen halfen die Regierungen aus eigennützigen Gründen. Sie wollten verhindern, dass die nationalen Finanzinstitute Probleme bekommen.

Grafik 6.3: Triadische Machtbeziehungen

```
                    Regierung B als Krisenmanager
                         des eigenen Marktes
                              /\
                             /  \
  3. Schritt                /    \        2. Schritt
  Regierung B interveniert /      \       Abschreibungen der
  bei Regierung A, um    /        \       Gläubiger
  eigenen Markt zu      /          \      destabilisieren den
  stabilisieren        /            \     Markt B
                      v              v
  Regierung A    <----------------->    Gläubiger der Regierung A
  als Schuldner      1. Schritt          mit Herkunftsmarkt B
                Regierung A hat Probleme, Kredite zu
                           bedienen
```

Beteiligte Akteure:
- Regierung A als Schuldner
- Regierung B als Krisenmanager des eigenen Marktes (Markt B)
- Gläubiger von A mit Stammsitz Markt B

Eigene Darstellung

Die nationale Verantwortung für den Finanzsektor förderte also, dass die Antwort auf den steigenden Spreads für einzelne Regierungen transnationalisiert wurde. Sie erklärt auch, warum die Regierungen einem Schuldenschnitt ablehnend gegenüberstanden und bis heute stehen. Dass die Schuldenkosten für die kriselnden Regierungen trotz der Rettungsprogramme weiterhin hoch, wenn nicht gar zu hoch waren, wurde auch von den europäischen Regierungen gesehen. Doch anstatt systematisch die privaten Investoren einzubinden und deren Ansprüche zu senken, reduzierten die Regierungen lieber die eigenen Forderungen. In allen drei Rettungsprogrammen wurden die Laufzeiten der Kredite teilweise mehrfach verlängert und im Fall der griechischen Regierung sogar die Zinsverpflichtungen ausgesetzt. Beide Maßnahmen sollten dazu dienen, die jeweiligen Regierungen zu entlasten. Beispielsweise wird von Experten angenommen, dass die europäischen Regierungen im Jahr 2012 gegenüber der griechischen Regierung „durch Zinssenkungen und Laufzeitverlängerungen auf 40 Prozent [ihrer] Forderungen verzichtet" haben (Plickert 2015). Ob all die Maßnahmen allerdings ausreichen, um beispielsweise die griechischen Schuldenkosten nachteilig zu senken, darf bezweifelt werden.

Aber auch das Engagement der Europäischen Kommission und des IWF lassen sich mit marktbezogenen Interessen und einer ähnlichen triadischen Beziehung begründen. Auch sie müssen eher als Verbündete der Finanzmärkte denn der Regierungen gelten. Beide sehen sich in der Verantwortung für die Stabilität der Finanzmärkte, die Europäische Kommission im europäischen Maßstab, der IWF im globalen. Eine Destabilisierung der Eurozone gefährdet potenziell beide, den globalen und erst recht den europäischen Finanzmarkt. Um ihren Verantwortlichkeiten gerecht zu werden, haben beide Akteure ein großes Interesse an einer Krisenbewältigung und waren deshalb zu einer gemeinsamen Krisenpolitik bereit. Der Fokus auf eine globale Marktstabilität hilft auch zu verstehen, warum der IWF einen Schuldenschnitt für Griechenland fordert. Die griechischen Staatsschulden galten und gelten finanziell als nicht mehr tragfähig. Aus der Sicht des IWF sind sie ein Krisenherd, der auch die globalen Märkte destabilisieren könne (vgl. Dams 2017). Sie müssten deshalb reduziert werden. Im Gegensatz zu den Regierungen und auch stärker als die Europäische Kommission konzentriert sich der IWF hier ausschließlich auf die Stabilität der Märkte und kann die Kosten für einzelne Finanzinstitute und damit deren Heimatregierungen ignorieren.

6.3 Europäische Zentralbank: Whatever it takes

Außerhalb der Eurozone gelten die Zentralbanken fast schon als die ‚natürlichen' Verbündeten einer Regierung im Krisenfall. Steigen die Zinsen auf ein Niveau, dass sie (langfristig) nicht mehr tragfähig sind, kann sich eine Regierung bei der Zentralbank Geld leihen. Denn eine Regierung „braucht eine Quelle bedingungsloser Liquidität: Es gibt strenge technische und politische Grenzen für die Fähigkeit der Behörden, zukünftige Steuereinnahmen zu verbriefen und so ihren Barwert in einen liquiden Vermögenswert umzuwandeln, der zur Deckung des unmittelbaren Liquiditätsbedarfs verwendet werden kann" (Buiter und Rahbari 2012, S. 8, Übersetzung der Autorin). Die Zentralbank fungiert als „lender of last resort" der Regierungen (vgl. Bach 2015). Dadurch hat eine Regierung eine Alternative zum Markt und muss nicht alle Konditionen akzeptieren. Dagegen gilt in der Eurozone die Nichtbeistandsregel (siehe Kapitel 4). Diese untersagt es der EZB und den nationalen Zentralbanken, unmittelbar Schuldtitel von den Regierungen zu erwerben. Als im Jahr 2009 die Zinsen erst für griechische, wenig später auch für irische, italienische, portugiesische und spanische Schuldtitel stiegen und auch der Spread wuchs, stellten sich deshalb nicht nur die anderen Regierungen, sondern auch die EZB die Frage, ob und wie darauf zu reagieren ist.

Im Mai 2010 begann die EZB dann im Rahmen des Programms für die Wertpapiermärkte (Securities Market Programme), Staatsschuldtitel und Unteranleihen auf den Finanzmärkten zu kaufen. Dies sollten so lange durchgeführt werden, bis die EZB „eine nachhaltige Anpassung des Inflationspfades sieht, die dem Ziel entspricht, auf mittlere Sicht eine Inflationsrate unter oder zumindest nahe 2 Prozent zu erreichen" (Salines et al. 2012, S. 669, Übersetzung der Autorin). Um zu vermeiden, dass Investoren ihr Verhalten dem Programm anpassen und so Gewinn daraus ziehen, wurden nur die wöchentlichen Kaufsummen öffentlich bekannt gemacht, nicht aber ihre Komposition (vgl. Buiter und Rahbari 2012). Das heißt, bis zum Ende war nicht bekannt, in welcher Höhe die EZB die Anleihen welcher Regierungen erwarb. Erst nachdem das Programm im September 2012 beendet worden war, wurden die konkreten Summen und Regierungen genannt. Seitdem weiß man, dass die EZB griechische, irische, italienische, portugiesische und spanische Staatsanleihen gekauft und das Programm ein Volumen von 210 Milliarden Euro gehabt hatte. Knapp die Hälfte des Gesamtvolumens machten am Ende des Programms italienische Papiere aus (vgl. EZB 2013). Es folgten die spanischen (21 Prozent) und griechischen (14,8 Prozent) Schuldtitel. Dagegen war der Anteil von portugiesischen (10,4 Prozent) und irischen (6,5 Prozent) Schuldtiteln eher gering. Die Restlaufzeit betrug zu dem Zeitpunkt zwischen 3,6 und 4,6 Jahren. Das Programm sollte die „Liquidität in den gestörten Segmenten der Schuldtitelmärkte gewährleisten und ein angemessenes Funktionieren des geldpolitischen Transmissionsmechanismus wiederherstellen" (EZB 2010, S. 24, Übersetzung der Autorin). Auch die EZB wurde damit nicht aktiv, um den Regierungen unterstützend zur Seite zu stehen, sondern um Marktstörungen zu bewältigen (vgl. De Grauwe 2013).

Das Programm war von Beginn an zeitlich begrenzt (vgl. Hodson 2014). Im Juli 2012 kündigte der damalige Präsident der EZB Mario Draghi in seiner berühmten „Whatever it takes"-Rede an, alles zu tun, was nötig sei, um die Eurozone zu retten (vgl. De Grauwe und Ji 2013). In diesem Zusammenhang wurde auch der Start eines weiteren Programms bekannt gegeben. Die sogenannten geldpolitischen Outright-Geschäfte (Outright Monetary Programme) traten Ende 2012 in Kraft (vgl. Bølstad und Elhardt 2015; 2018), wurden aber bis heute (Stand Mai 2020) noch nicht in Anspruch genommen. Mit dem Programm erklärte sich die EZB bereit, gezielt Schuldtitel von einzelnen Regierungen auf den Finanzmärkten zu erwerben, sofern diese die Unterstützung und – noch wichtiger – die Bedingungen des Europäischen Stabilitätsmechanismus akzeptierten (vgl. Torres 2013; Steinberg und Vermeiren 2016; Lombardi und Moschella 2016).

Schließlich starteten die EZB und die nationalen Zentralbanken im Jahr 2015 ein drittes Programm, das Kaufprogramm für den öffentlichen Sektor (public sector purchase programme, vgl. Dunne et al. 2015). Auch dieses Programm dient als Maßnahme, um unter anderem die niedrige Inflation in der Eurozone zu bekämpfen. Nach Ansage der EZB sollten so lange Ankäufe von Schuldtiteln erfolgen, bis sie „eine nachhaltige Anpassung des Inflationspfades sieht, der mit dem Ziel vereinbar ist, Inflationsraten unter, aber nahe zwei Prozent auf mittlere Sicht zu halten" (EZB zitiert nach Claeys et al. 2015, S. 2, Übersetzung der Autorin). Zwischen März 2015 und Dezember 2018 kauften sie Staatsanleihen aus der Eurozone im Wert von insgesamt 2.171.277 Millionen Euro (vgl. EZB 2019a). Allerdings unterschied es sich in seiner Funktionsweise von den beiden anderen Programmen. Bei diesem Programm setzte die EZB voraus, dass die Schuldtitel bestimmten Qualitätsansprüchen genügen. Beispielsweise wurden keine Schuldtitel gekauft, solange eine Regierung an einem Rettungsprogramm teilnimmt. Die EZB erwarb damit nur Anleihen von solchen Regierungen, die problemlosen Zugang zu den Finanzmärkten hatte. Dies erklärt, warum in diesem Kontext lange Zeit keine griechischen Schuldtitel gekauft wurden (vgl. Claeys et al. 2015). Des Weiteren wurden an dem Programm die nationalen Zentralbanken beteiligt. Diese stemmten zwischen März 2015 und März 2016 88 Prozent des Kaufvolumens, zwischen April 2016 und Dezember 2018 waren es sogar 90 Prozent. Nur zwölf bzw. zehn Prozent der Schuldtitel kaufte die EZB selbst. Die nationalen Zentralbanken erwarben dabei nur Schuldtitel ihrer Regierung. Dies geschah nach einem festgelegten Verteilungsschlüssel, der sich an der wirtschaftlichen Stärke der Länder orientierte (vgl. EZB 2019b). So kaufte die Deutsche Bundesbank im Monat durchschnittlich 18 Prozent des Gesamtvolumens und damit deutsche Schuldtitel mit einem Buchwert von 1330 Millionen Euro, während die Österreichische Nationalbank nur zwei Prozent und somit Schuldtitel der eigenen Regierung mit einem Wert von 72 Millionen erwarb.[24] Die Kaufprogramme sind die bekanntesten Kriseninterventionen der EZB und der nationalen Zentralbanken. Durch sie wurden

---

24 Insgesamt soll die nationale Zentralbank aber maximal 25 Prozent der Schuldtitel der eigenen Regierung erwerben (vgl. Claeys et al. 2015).

die EZB und die nationalen Zentralbanken zu wichtigen Investoren der Regierungen (siehe Grafik 6.4). Aber auch darüber hinaus sind Aktivitäten zu verzeichnen: So verlangten die EZB und die nationalen Zentralbanken bis zum Ausbruch der Krise bei den Kreditgeschäften mit den Privatbanken qualitativ sehr hochwertige Anleihen als Sicherheiten. Als einige Staatsschuldtitel diesen Standards nicht mehr genügten, wurden die Qualitätsansprüche gesenkt (vgl. Buiter und Rahbari 2012). Damit sollte sichergestellt werden, dass sich Banken aus allen Euroländern weiterhin jederzeit mit Geld versorgen können.

Grafik 6.4: Anteil der EZB und der nationalen Zentralbanken an den ausgewählten Staatsschulden (2008–2018)

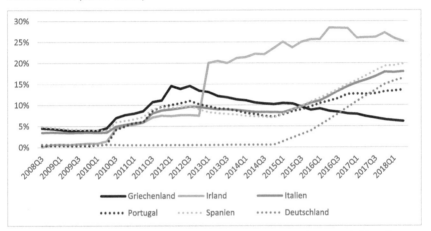

Hinweis: Anteil der EZB und der nationalen Zentralbanken an der gesamten Staatsverschuldung (in Prozent), eigene Berechnungen und Darstellung
Quelle: EZB, IWF

Die EZB und die nationalen Zentralbanken haben nach Ansicht vieler durch ihre Maßnahmen und Ankündigungen einen wesentlichen Beitrag dazu geleistet, dass sich die Situation für alle Regierungen auf dem gemeinsamen Markt für Staatsschulden wieder entspannte (vgl. Bølstad und Elhardt 2018; Copelovitch et al. 2016; De Grauwe und Ji 2015; Hodson 2014). „Nach langem Zögern scheint die EZB die schicksalhafte, aber richtige Entscheidung getroffen zu haben, nicht nur für Banken, sondern auch für Staaten ein ‚lender of last resort' zu werden und damit die Stabilisierungskraft wiederherzustellen, die zum Schutz des Systems vor Marktangst und Panik, die die Eurozone destabilisiert haben, erforderlich ist" (De Grauwe und Ji 2013, S. 31, Übersetzung der Autorin). So wird es auch ihrem verbalen und tatsächlichen Engagement zugeschrieben, dass die Zinsen in der Eurozone sanken (vgl. De Grauwe und Ji 2013; 2015). Jedoch zeigt eine Analyse ihrer Beziehungen auf dem gemeinsamen Markt auch, dass sie sich in ihrem Handeln von den nationalen Zentralbanken unterscheiden. Alle drei Programme eint, dass weder die EZB noch die nationalen Zentralbanken aufgrund der Nichtbeistandsregel direkte Kreditbeziehungen zu den Regierungen aufnehmen. Wenn sie aktiv werden, dann geschieht dies auf den Finanzmärkten, indem sie privaten Investoren Staatsanleihen abkaufen.

Die EZB und die nationalen Zentralbanken sorgen für eine Nachfrage auf dem gemeinsamen Markt, was die Zinsen für Staatsanleihen in der Vergangenheit gesenkt hat und damit auch den Regierungen zugutekam. Sie können aber nur eingeschränkt als Verbündete der kriselnden Regierungen bezeichnet werden, da sie mit den Aufkäufen vor allem die Risiken der Investoren senkten. Denn diese konnten zur Zeit der Programme jederzeit Staatsschuldtitel zu Marktkonditionen und nicht zu politisch definierten Bedingungen an sie weiterverkaufen. Auch stellten sie sicher, dass die privaten Banken Zugang zu neuem Geld hatten (vgl. Bølstad und Elhardt 2015; 2018). Die Programme der Zentralbanken vergrößerten damit mehr die Handlungsspielräume der Finanzinstitute als der Regierungen. Wenn Regierungen von den Programmen profitieren, dann indirekt durch eine größere Nachfrage nach ihren Schuldtiteln auf den Finanzmärkten. Hinzukommt, dass die EZB sich auch dem Prinzip der Konditionalität verpflichtet sieht. So betonte der frühere Präsident der EZB Mario Draghi, dass „die Konditionalität [des ESM, die Autorin] die Unabhängigkeit der EZB schützt" bzw. dass, „wenn die Zentralbank [...] ohne jegliche Konditionen [auf den gemeinsamen Markt für Staatsschulden, die Autorin] eingreifen würde, [...] die Intervention nicht wirksam [wäre] und [...] die Bank ihre Unabhängigkeit verlieren" würde (Draghi zitiert nach Lombardi und Moschella 2016, S. 862, Übersetzung der Autorin). Die EZB besteht demnach auf die Einhaltung von bestimmten Bedingungen als Gegenleistung für ihre Unterstützung. Wenn eine Regierung die geldpolitischen Outright-Geschäfte in Anspruch nehmen muss, muss sie auch ein Rettungsprogramm beantragen und dessen Verpflichtungen akzeptieren. Bei dem Programm für die Wertpapiermärkte in den Jahren 2010 bis 2012 gab es zwar weder eine solche Engführung mit den Rettungsprogrammen von europäischen Regierungen, Europäischer Kommission und IWF noch offiziell formulierte Konditionen. Allerdings „praktizierte die EZB eine [...] ‚informelle' Form der Intervention, indem sie den Kauf von Staatsanleihen von der Durchführung politischer Reformen abhängig machte" (Schulten und Müller 2013, S. 294, siehe hierzu auch Torres 2013). Bei beiden Programmen konnten die Regierungen damit keine auflagenfreie Unterstützung erwarten, sondern mussten bestimmten Verpflichtungen nachkommen. Sie mussten fällige Schulden bedienen, sollten ihren Haushalt konsolidieren und Strukturreformen durchführen. Das Kaufprogramm für den öffentlichen Sektor war ohne Konditionen. Allerdings zielte es nur bedingt auf eine Unterstützung von kriselnden Regierungen. Das Programm sollte zu einem Ansteigen der Inflation beitragen. Der Kauf von Staatsschuldtitel erfolgte nach einem Schlüssel der Wirtschaftsstärke und nicht der Bedürftigkeit. Je höher die nationale Wirtschaftskraft, desto höher war das Kaufvolumen. Hinzukommt, dass gerade solche Regierungen von dem Programm ausgeschlossen waren, deren Kreditwürdigkeit sehr niedrig war und die sich in einer Notlage befanden. Das Programm konnte somit Regierungen zwar entlasten, indem es ohne Bedingungen und Verpflichtungen Anleihen aufkaufte. So geschehen im Falle der italienischen und der spanischen Regierungen, deren Zinsen in der Folge der Käufe sanken (vgl. Claeys et al. 2015). Keine Regierung der Eurozone konnte sich aber auf diese Unterstützung verlassen. Eher das Gegenteil war der Fall. Denn wenn ihre Kreditwürdigkeit weiter gesunken und ihre Notlage damit schlimmer geworden wäre, hätte sie damit rechnen müssen, auch diese Unterstützung zu verlieren. Die Kaufmotive der EZB ähneln damit den Intentionen der Europäischen Kommission und des IWF. Auch die EZB geht hier eine triadische Beziehung mit einzelnen Regierungen und den privaten Finanzinstituten ein. Sie kauft Staatsanleihen, jedoch nicht mit dem primären Ziel, die Regierung zu stabilisieren, sondern den Markt zu unterstützen.

6.4 Triadische Machtbeziehungen auf dem gemeinsamen Markt für Staatsschulden

Zur Überwindung der Krise wurden vormals unvorstellbare Maßnahmen ergriffen. Durch die Krise wandelten sich die Machtfigurationen auf dem gemeinsamen Markt. Denn es kamen neue Gläubiger und Investoren und damit neue Beziehungen hinzu. Die europäischen Regierungen, die Europäische Kommission und der IWF liehen kriselnden Regierungen Geld, während die EZB und die nationalen Zentralbanken Staatsanleihen auf den Finanzmärkten aufkauften. Neben den Kreditbeziehungen zu privaten Finanzakteuren bestanden nun Kreditbeziehungen zu politischen Partnern, die jeweils eigenen Funktionslogiken folgten: Private Gläubiger und Investoren kaufen Staatsanleihen, weil sie Gewinnmöglichkeiten oder Sicherheiten gegen Marktrisiken suchen. Politische Gläubiger und Investoren engagieren sich, um den Markt selbst bzw. private Investoren zu stabilisieren.

Der europäischen Krisenpolitik voraus ging eine Neuinterpretation der Marktbeziehungen. Aufgegeben wurde die Idee, dass Zahlungsschwierigkeiten Einzelprobleme der betroffenen Regierungen seien. Denn die auf den ersten Blick nur die betroffenen Regierungen herausfordernden Zinsentwicklungen weckten auch bei den anderen Regierungen und der Europäischen Kommission und dem IWF Sorgen: Zum einen wurde befürchtet, dass der Zahlungsausfall einer Regierung die Investoren länderübergreifend in Mitleidenschaft ziehen würde und in diesem Fall andere Regierungen zur Stabilisierung des eigenen nationalen Finanzsektors einspringen müssten. Zum anderen wurde befürchtet, dass die Investoren bei der Bewertung der Regierungen nicht nur deren individuelle Kreditwürdigkeit, sondern auch die Kreditwürdigkeit der anderen Regierungen berücksichtigen würden. Eine negative Beurteilung einer Regierung hätte sich dann negativ auf die Einschätzungen von anderen Regierungen ausgewirkt (was auch unter der Metapher Ansteckungsgefahr diskutiert wurde, zu einer kritischen Analyse der Metapher siehe Vobruba 2012, S. 72–78). Es gab die Sorge, dass eine Kettenreaktion den gesamten Markt destabilisieren könnte. Aus dem neuen Marktverständnis leiteten sich somit Antworten auf die Fragen ab, wem geholfen werden muss und wer helfen muss. Regierungen und ihre Probleme wurden nun als systemische Gefahr für den gemeinsamen Markt eingestuft. Damit wurden die Bekämpfung bzw. die Linderung ihrer Probleme zu einer gemeinsamen Aufgabe, weshalb die europäischen und internationalen Partner aktiv wurden. Dies bedeutete aber auch, dass den Regierungen – und hier insbesondere den kriselnden Regierungen – besondere Pflichten auferlegt wurden. Ihnen wurden nur Kredite zur Verfügung gestellt, wenn sie diese zur Refinanzierung ihrer Kredite und damit zur Stabilisierung ihrer Kreditbeziehungen und zur Beruhigung der Märkte nutzten. Darüber hinaus mussten sie ihren Finanzsektor neu regulieren, den Staatshaushalt konsolidieren und Strukturreformen umsetzen (siehe dazu auch Kapitel 7). Ihre Handlungsoptionen wurden durch den neuen Status nicht erweitert. Eher das Gegenteil war der Fall. Der Druck, sich marktkonform zu verhalten, stieg mit dem Einstieg der neuen politischen Gläubiger und Investoren. Gleichzeitig wurden die privaten Investoren entlastet. Diese müssen nun weniger als noch im Jahr 2009 und 2010 Zahlungsausfälle fürchten. Auf eine „Reprivatisierung des Gläubigerrisikos" (Vobruba 2015a, S. 220) wurde verzichtet. Das Risiko, ihr investiertes Geld zu verlieren, sank bzw. sie konnten die Schuldtitel leichter (an politische Investoren wie die EZB und die nationalen Zentralbanken) weiterverkaufen. Ihre Handlungssicherheit und ihre Handlungsoptionen wuchsen durch die Krisenpolitik.

In der Krise und durch die Krise wurde also deutlich, dass auf dem gemeinsamen Markt die Regierungen und die privaten Investoren und damit auch die Regierungen untereinander voneinander abhängig sind. Die Krisenpolitik zielt letztlich auf eine Stabilisierung des Beziehungsgeflechts ab. Die dabei getroffenen Maßnahmen und Machtverschiebungen sind dabei aber keine Zwangsläufigkeit, die sich aus den Marktstrukturen ableiten lässt, sondern ergaben sich aus den unterschiedlichen Interessenskonstellationen und Konflikten. So entschieden sich die europäischen Regierungen zusammen mit der Europäischen Kommission und der EZB aus eigennützigen Gründen (vgl. Vobruba 1992), die privaten Investoren weitgehend zu schonen. Stattdessen wurden die vier kriselnden Regierungen in die Verantwortung genommen und ihnen damit auch weitgehend die Kosten und die Risiken der Krisenbewältigung zugeschoben.

Die Kriseninterpretation und -politik veränderten allerdings nicht nur die Beziehungen der beteiligten politischen Akteure untereinander, sie beeinflussten auch den Verlauf der Krise und letzten Endes die gesellschaftlichen Krisenfolgen, auf die ich im nächsten Kapitel zu sprechen komme.

7. Die zwei Seiten der Krise

Die Rettungsprogramme in der sogenannten Eurokrise haben den Anspruch, die Regierungen über die Finanzmärkte hinaus zu unterstützen. So heißt es im Memorandum für Irland, dass das Land „dringend ein starkes Programm zur Wiederherstellung des Vertrauens von innen und außen benötigt, um die schädlichen Rückkopplungsschleifen zwischen der Wachstums-, Steuer- und Finanzkrise zu überwinden" (Europäische Kommission 2010c, S. 49, ähnliche Aussagen finden sich auch in den anderen Memoranda, Übersetzung der Autorin). Noch weiter geht das Memorandum des dritten griechischen Programms: „Griechenland hat seine europäischen Partner um Unterstützung gebeten, um nachhaltiges Wachstum wiederherzustellen, Arbeitsplätze zu schaffen, Ungleichheiten abzubauen und die Risiken für die eigene Finanzstabilität und die des Euroraums anzugehen" (MoU, 2015, S. 4, Übersetzung der Autorin). Ziel der Programme ist damit, dass die Staaten finanziell, aber auch ökonomisch und sozial wieder auf die Beine kommen.

Grafik 7.1: Finanzielle und soziale Entwicklungen in den Krisenstaaten (2005–2018)

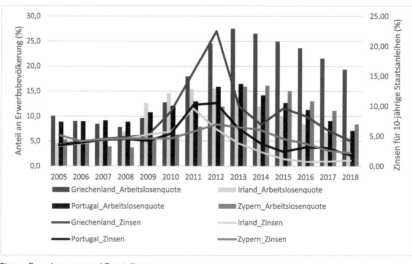

Eigene Berechnungen und Darstellung
Quelle: Eurostat

Die Probleme der Regierungen auf den Finanzmärkten waren verbunden mit einer Wirtschaftskrise und damit mit weitreichenden sozialen Folgen. Immer mehr Menschen in den Krisenstaaten verloren ihren Arbeitsplatz (siehe Grafik

7.1). Wer seinen Arbeitsplatz behalten konnte, musste dafür oft Lohnkürzungen hinnehmen bzw. schlechtere Arbeitsbedingungen akzeptieren (vgl. Broschinski et al. 2018). Gleichzeitig verteuerten sich durch Steuerreformen zahlreiche Waren und Dienstleistungen, die Lebenshaltungskosten stiegen. In den Krisenstaaten mussten Bürger Einschnitte in ihrem Lebensstandard hinnehmen (vgl. Heidenreich 2016).

Damit stellt sich die Frage, ob und wenn ja welche der sozialen Probleme in die Rettungsprogramme Eingang gefunden haben und welche Antworten sie auf dieselben bieten. Diesen Fragen wird im Folgenden mittels einer Dokumentenanalyse[25] nachgegangen. Dabei wird deutlich, dass die wachsende Bedürftigkeit vieler Bürger sowie die hohen Arbeitslosenquoten durchaus zur Kenntnis genommen und als wichtige soziale Probleme identifiziert wurden. Allerdings galten sie im Vergleich zu den finanziellen Problemen als zweitrangig bzw. es wurde ihnen mit ordo- bzw. neoliberalen Maßnahmen begegnet, über deren Wirksamkeit man streiten kann.

7.1 Die Rettungsprogramme und ihre Konditionen

Wenn eine Regierung ein europäisches Rettungsprogramm (economic adjustment programmes) beantragt, akzeptiert sie Verpflichtungen, die über die üblichen Kreditkonditionen hinausgehen. Denn in den Programmen werden weitreichende politische Reformen angemahnt, die auch in die Beziehung der Regierung zu ihren Bürgern eingreifen. So stehen sowohl die sozialen Sicherungssysteme als auch die Arbeitsplätze der öffentlich Bediensteten auf dem Prüfstand. Die europäischen Geldgeber verlangen eine Mitsprache in wichtigen nationalstaatlichen Aufgabenfeldern (vgl. Iversen 2016 et al.). Dabei belassen sie es nicht bei der Formulierung von politischen Zielen, sondern kontrollieren auch deren Umsetzung.

Zu Beginn eines jeden Programms werden zwischen der Regierung und den Geldgebern sowohl die Höhe der Kredite als auch die monetären und politischen Kreditkonditionen ausgehandelt, was in einem Memorandum of Understanding (MoU) mit einem inhaltlichen und einem technischen Teil festgehalten wird. Die Regierung verpflichtet sich dabei, die Vorgaben nach einem ebenfalls festgelegten Zeitplan umzusetzen. Im Lauf des Programms werden die Länder und ihre Regierungen zweimal jährlich von der sogenannten Troika, bestehend aus Europäischer Kommission, der EZB und dem IWF, evaluiert. Geprüft wird dabei sowohl die Entwicklung der nationalen Wirtschaft als auch

---

25 Die folgende Analyse ist ein Update und eine Weiterentwicklung von Preunkert (2016b).

die Umsetzung der Ziele durch die Regierung. Nur wenn die Troika urteilt, dass die Regierung ihren Verpflichtungen nachkommt, werden weitere Kredittranchen ausgezahlt. Gleichzeitig werden die Zielvereinbarungen vor dem Hintergrund der Bewertungen geprüft und gegebenenfalls in Absprache mit der Regierung an neuere Entwicklungen angepasst. Regierungen, die die europäischen Partner um Unterstützung bitten (müssen), unterwerfen sich somit einem umfassenden Kontroll- und Überwachungssystem.

Möchte man verstehen, wie in den Programmen mit sozialen Problemen und der sozialen Schutzbedürftigkeit der Bürger umgegangen wird, kommt man nicht darum herum, die Zielvereinbarungen zusammen mit ihren Aktualisierungen zu analysieren. Sie bilden deshalb auch die zentrale empirische Grundlage dieses Kapitels. Jedes Programm zielt dabei individuell auf die Situation in dem jeweiligen Land ab. Gleichwohl lassen sich über alle Programme hinweg drei große Themenbereiche festmachen, die sich in allen Memoranda finden: Verlangt werden eine Konsolidierung des Staatshaushaltes, Strukturreformen und eine Reform des Finanzsektors (vgl. Grimshaw et al. 2012). Letzteres zielt auf eine striktere Regulierung und strenge Überwachungen des Finanzsektors ab. Da in diesem Bereich keine sozialen Probleme be- und verhandelt werden, wird er in den folgenden Analysen ausgeklammert.

Haushaltskonsolidierung: Alle Programme verlangen, dass die Staatsschuldenquote reduziert und damit das Haushaltsdefizit abgebaut wird. „Griechenland wurde zu einem der drakonischsten Sparprogramme der Geschichte gezwungen, das darauf abzielte, sein Haushaltsdefizit innerhalb von drei Jahren um elf Prozentpunkte des BIP zu senken. Neben schwierigen Strukturreformen wurde Irland aufgefordert, sein Haushaltsdefizit in fünf Jahren um neun Prozentpunkte des BIP und Portugal in drei Jahren um sechs Prozentpunkte zu senken. Zu Vergleichszwecken ist anzumerken, dass der Ölpreisschock von 1974, der zu einer traumatischen Rezession führte, etwa 4 Prozent des europäischen BIP ausmachte" (Hall 2014, S. 1231, Übersetzung der Autorin). Hierzu sollen die Steuern sowie andere Abgaben erhöht und die öffentlichen Ausgaben reduziert werden (vgl. Hall 2014; Zettelmeyer et al. 2012). Auf den Prüfstand gestellt und von Einschnitten betroffen sind die Renten- und Gesundheitssysteme, aber auch die übrigen sozialstaatlichen Leistungssysteme, staatliche Unternehmen sowie der öffentliche Sektor. Dies eröffnet die Frage, welche Rolle die soziale Absicherung der Bevölkerung und der öffentlich Bediensteten in den Programmen spielt und ob hierzu besondere Schutzmaßnahmen getroffen werden.

Strukturreformen: Die Programme zielen ferner auf eine (Wieder-)Belebung der nationalen Wirtschaftssektoren ab. Dies soll mithilfe von sogenannten Strukturreformen geschehen (vgl. Hall 2014; Zettelmeyer et al. 2012): Um die Wettbewerbsfähigkeit der heimischen Unternehmen zu verbessern und den Standort für internationale Unternehmen attraktiver zu machen, soll die rechtliche Einhegung der Wirtschaft gelockert und liberalisiert werden. Besonders die Arbeitsmärkte und ihre Regeln gelten in diesem Zusammenhang als reformbedürftig. So sollen Unternehmen Arbeitnehmer in wirtschaftlich schwierigeren Zeiten leichter entlassen können. Dahinter steht die Erwartung, dass Unternehmen dann auch umgekehrt in prosperierenden Zeiten eher Arbeitskräfte einstellen. Auch soll die Lohngestaltung individualisiert und flexibilisiert werden. Die Wirkung der kollektiven Lohn- und Tarifsysteme soll abgeschwächt werden. Die Rechte und der Sozialschutz der Arbeitnehmer sollten beschnitten werden und dies in einer Zeit, in der Arbeitslosigkeit ein omnipräsentes Thema in den betroffenen Staaten war. Damit ist auch zu klären, ob die hohen Arbeitslosenzahlen und die daraus resultierende soziale Schutzbedürftigkeit einer großen Zahl an Bürgern Eingang in die Programme fanden und welcher Umgang mit dem Problem favorisiert wurde.

7.2 Sozialschutz und der Umbau des Sozialstaates

Bekannt ist, dass die Programme einen harten Sparkurs verfolgten (vgl. Blyth 2014a; 2014b; Hall 2014; Streeck 2013; Zettelmeyer et al. 2012) und hierbei auch Kürzungen in den sozialen Sicherungssystemen und bei den staatlichen Sozialleistungen angemahnt wurden. Weniger bekannt ist, dass alle Programme auch eine soziale Schutzbedürftigkeit der Bevölkerung gerade in Krisenzeiten sahen. Genauer: Die Regierungen wurden in die Verantwortung genommen, (besonders) bedürftige Personengruppen ((most) vulnerable people) zu protegieren (siehe Tabelle 7.1 im Anhang). Allerdings variierte diese Inpflichtnahme in der Zeit: Als die griechische Regierung sich mit den Geldgebern im Jahr 2010 auf das erste Memorandum verständigte, wurde hierin nur angemahnt, dass besonders bedürftige Konsumenten weiterhin Zugang zur Energieversorgung haben müssen. Von einem sozialstaatlichen Schutz war noch nicht die Rede. Dieser tauchte erst in der zweiten Hälfte der Programmlaufzeit in den Updates des Memorandums auf. Dagegen heißt es in dem Memorandum zum Start des dritten Rettungsprogramms: „Die Wiederherstellungsstrategie berücksichtigt die Notwendigkeit von sozialer Gerechtigkeit und Fairness sowohl über Generationen hinweg als auch innerhalb von Generationen. [...] Eine gerechtere Gesellschaft wird verlangen, dass Griechenland die Gestaltung seines Sozialsystems verbessert, damit ein echtes soziales Sicherungsnetz existiert, das seine knappen Ressourcen für diejenigen verwendet, die es am dringendsten benötigen" (MoU, 2015, S. 4, Übersetzung der Autorin). Die sozialen Kosten der Krise gerade für die Schwächsten scheinen also im Lauf der Zeit auf europäischer Ebene verstärkt zur Kenntnis genommen bzw. als Problem wahrgenommen worden zu sein und flossen daher verstärkt in die Ziele der Programme ein.

Die Programme verlangten von den Regierungen damit sowohl Einsparungen im Sozialstaat als auch besondere Anstrengungen zum Schutz der Schwächsten. So wurde beispielsweise für Zypern festgelegt, dass „der Plan, der Vorschläge zur Konsolidierung der Sozialprogramme, zur Verbesserung der Zielgruppenansprache und zur Straffung der Verwaltung enthalten wird, darauf abzielen wird, die zur Erreichung unserer fiskalischen Ziele erforderlichen Haushaltseinsparungen zu erzielen und gleichzeitig sicherzustellen, dass die armen und gefährdeten Gruppen angemessen geschützt werden" (Europäische Kommission 2013c, S. 144, ähnliche Aussagen finden sich in den anderen Memoranda, Übersetzung der Autorin). Da beide Ziele kaum zu vereinbaren sind, stellten die Programme die Regierungen vor ein Dilemma, was in den Memoranda jedoch nicht explizit thematisiert oder gar problematisiert wurde. Allerdings lassen sich zwei Strategien identifizieren, wie mit ihm umgegangen wurde.

Erstens erfolgte eine Schwerpunktsetzung: Der Sozialschutz gilt als wichtig, jedoch sind stets die Einsparziele zu beachten. Dies heißt beispielsweise für Griechenland im ersten Programm: „Die Einkommens- und Sozialversicherungspolitik muss die Anstrengungen zur Haushaltsanpassung und zur Wiederherstellung der Wettbewerbsfähigkeit unterstützen" (Europäische Kommission 2010b, S. 44, Übersetzung der Autorin). Noch deutlicher wird man im ersten Update des zypriotischen Memorandums (Europäische Kommission 2013c, S. 86), demnach muss das „reformierte Wohlfahrtssystem [...] mit den in dieser MoU festgelegten fiskalischen Zielen im Einklang stehen." Staatliche Sozialleistungen sind demnach nur noch in dem Umfang möglich, in dem sie nicht mit den fiskalpolitischen Vorgaben kollidieren. Es werden Prioritäten gesetzt und die lauten: Fiskalpolitik schlägt Sozialpolitik.

Zweitens blieben die Ziele des Sozialschutzes vage und diffus: Alle Rettungsprogramme formulieren klare Sparziele. Detailliert wird festgelegt, wie und in welchem Umfang in den unterschiedlichen öffentlichen Bereichen und im staatlichen Sektor gespart werden soll. Etwa verpflichtete sich die portugiesische Regierung, „den Einsatz von Prüfmitteln und die besser gezielte soziale Unterstützung auszuweiten, um die Ausgaben für Sozialleistungen um mindestens 250 Millionen. EUR zu senken" (Europäische Kommission 2011b, S. 91, Übersetzung der Autorin). Dagegen bleiben die sozialen Ziele unbestimmt. Dies beginnt schon beim Begriff der Schutzbedürftigkeit von (besonders) Bedürftigen oder den Schwächsten. Genannt werden immer mal wieder Personengruppen, die dazugezählt werden, beispielsweise Rentner und Familien im zweiten griechischen Programm. Was jedoch die Gruppe ausmacht, wer dazugezählt werden muss und wer nicht, eine solche Begriffsklärung findet nicht statt. Auch wird nicht klar, wie viel Geld für diesen Schutz zur Verfügung steht. Während es also klare und evaluierbare Sparpläne gibt, haben die Sozialpläne eher den Charakter von Absichtserklärungen, die schwer prüfbar sind. Ihre Umsetzung ist deshalb viel komplizierter einzufordern.

In den Programmen gilt die Bedürftigkeit damit als nachrangig bzw. es wird nur unbestimmt ein Sozialschutz angemahnt. Eine Ausnahme gibt es allerdings: die Einführung einer staatlichen Grundsicherung in Griechenland. Während des zweiten Programms wurden schon erste Anstrengungen in diese Richtung unternommen, die damals noch zeitlich und räumlich begrenzt waren: „Um die Auswirkungen unserer Haushaltsanpassung auf die am stärksten gefährdeten Bevölkerungsgruppen abzufedern, haben wir die Sozialausgabenprogramme verstärkt. Die Unterstützung für Arbeitslose wird bis 2014 durch zwei neue Programme (die derzeit in der Pilotphase sind) um 55 Millionen. EUR erhöht: (i) ein einkommensorientiertes Leistungssystem, das sich an Langzeitarbeitslose richtet und ein einjähriges Einkommen vorsieht; und (ii) ein Mindesteinkommensgarantiesystem für Familien in Gebieten mit schwierigen sozioökonomischen Profilen" (Europäische Kommission 2012, S. 160, Übersetzung der Autorin). In dem Memorandum des dritten Programms wird dann die Einführung einer dauerhaften Grundsicherung angestrebt. „Die Behörden werden bis September 2015 ihre detaillierten Vorbereitungen für die schrittweise landesweite Einführung eines garantierten Mindesteinkommens (GMI) ab dem 1. April 2016 darlegen […]" (MoU 2015, S. 17). Dies geschah auch (vgl. Lalioti 2016). Heute verfügt Griechenland zum ersten Mal in seiner Geschichte über eine Grundsicherung für alle bedürftigen griechischen Staatsbürger, sofern sie die Zugangskriterien erfüllen, auch wenn diese mit maximal 200 Euro pro Erwachsenen im Monat noch sehr gering ist und nicht vor Armut schützt (vgl. Lalioti 2016, in dem Artikel werden auch die nationalen Gründe für die Einführung gut dargelegt). Das Problem der Bedürftigkeit und der Bedarf von Sozialschutz nehmen die Programme insgesamt sehr wohl zur Kenntnis. Gleichzeitig zeigt die Dokumentenanalyse aber auch einen sehr speziellen Umgang mit den sozialen Problemen. Die soziale Absicherung wird den Einsparungen nachgeordnet und mit einer Ausnahme bleiben die Sozialschutzforderungen unbestimmt und diffus.

7.3 Sozialschutz im öffentlichen Sektor?

Lange Zeit war eine Anstellung im öffentlichen Dienst von stabilen und sicheren Arbeitsbedingungen geprägt. „Die öffentliche Beschäftigung und der Staat als Arbeitgeber dienten [dabei] auch als Vorbild für die Beschäftigung im privaten Sektor durch hohe Standards bei Arbeit und Beschäftigung und die Integration von auf dem privaten Arbeitsmarkt benachteiligten Gruppen wie Frauen, Behinderten und Migranten" (Gottschall et al. 2015, S. 3, Übersetzung der Autorin). Bereits vor der Krise und den Programmen wurde diese Stabilität und Sicherheit in Teilen der Politik zunehmend kritisch gesehen. Um die Produktivität der öffentlichen Leistungen zu steigern und die Kosten zu senken, begann eine wachsende Zahl an Regierungen, oft mit Unterstützung der EU, den öffentlichen Sektor zu flexibilisieren und liberalisieren (vgl. zu Reformen vor der Krise Vaughan-Whitehead 2013). Dieser Ansatz wurde auch in den Programmen aufgegriffen (vgl. auch Grimshaw et al. 2012). Angemahnt wurde im fiskalpolitischen Teil der Programme, die Kosten des öffentlichen Bereichs zu senken, und im strukturpolitischen Teil eine Effizienzsteigerung. Exemplarisch heißt es hierzu im Memorandum des zweiten griechischen Programms: „Evaluierung, rationelle Umverteilung von Personal durch Mobilität und Erneuerung der Qualität durch Exits sind die Instrumente unserer Bemühungen, die Wirksamkeit des öffentlichen Sektors zu verbessern" (Europäische Kommission 2013a, S. 130, Übersetzung der Autorin). Mit dieser Kombination soll vermieden werden, dass durch die Einsparungen im öffentlichen Sektor dessen Leistungsfähigkeit beeinträchtigt wird und damit die Sparpolitik zulasten der Bürger geht. Unabhängig davon, ob diese Doppelstrategie aufging bzw. überhaupt aufgehen kann, ist zu fragen, ob mit den Sparzielen die Regierungen aus der sozialen Verantwortung gegenüber ihren Beschäftigten gedrängt werden oder ob es weiterhin Schutzklauseln z. B. für besonders Bedürftige (siehe Abschnitt oben) gibt.

Kurzfristig sollten in allen Staaten, die Hilfe in Anspruch nehmen, die Kosten gesenkt werden, indem die Löhne gekürzt werden (siehe Tabelle 8.2). Dass die geplanten Einsparungen massiv ausfallen können, zeigt das Memorandum des ersten griechischen Programms. Vorgesehen war hier eine „Senkung der Lohnkosten um mindestens 770 Mio. EUR im Jahr 2011, um zusätzliche 600 Mio. EUR im Jahr 2012, 448 Mio. EUR im Jahr 2013, 306 Mio. EUR im Jahr 2014 und 71 Mio. EUR im Jahr 2015" (Europäische Kommission 2011c, S. 142, Übersetzung der Autorin). Die Löhne sollen in allen Programmen entweder gekürzt oder wenigstens das Gehaltsniveau eingefroren werden. Für Irland heißt dies: „Mit Wirkung zum 1. Januar 2010 wurden alle öffentlichen Gehälter wie folgt gekürzt: 5 Prozent auf die ersten 30.000 Euro Gehalt, 7,5 Prozent auf die nächsten 40.000 Euro und zehn Prozent auf die nächsten 55.000 Euro" (O'Connell 2013, S. 350, Übersetzung der Autorin, vgl. auch Europäische Kommission 2011d). Auch sollten Sonderzulagen gekürzt oder ganz gestrichen werden (vgl. Rato 20135). Beispielsweise mussten Beschäftigte des öffentlichen Dienstes in Portugal auf das dreizehnte und das vierzehnte Montagsgehalt verzichten, was dem Weihnachts- und Urlaubsgeld entspricht (vgl. Europäische Kommission 2011b). Des Weiteren sollten staatliche Sozialleistungen für den öffentlichen Sektor eingespart werden. So plante das irische Memorandum Kürzungen bei den Pensionen der Bediensteten (vgl. z. B. Europäische Kommission 2011d). Langfristig sollten die Kosten durch einen Abbau an Arbeitsplätzen gesenkt werden (siehe Tabelle 7.2 im Anhang). Beispielsweise ist in dem Memorandum des ersten griechischen Programms vorgesehen, nur noch 20 Prozent von frei werdenden Stellen nachzubesetzen (vgl. Europäische Kommission 2010a, ähnliche Vorgaben findet man in den anderen Memoranda). Auch sollen befristete Stellen nicht verlängert werden.

Dass Kürzungen im öffentlichen Sektor nicht ohne nachteilige Folgen für die Angestellten bleiben, liegt auf der Hand und wird auch implizit in den Programmen zur Kenntnis genommen. So wurden bei Lohnkürzungen oftmals untere Einkommensgruppen verschont oder weniger belastet (siehe die Lohnkürzungen in Irland oben). Auch wurde bei den Einsparungen von Sonder- und Zusatzzahlungen oft nach Lohnhöhe gestaffelt. So wurden die dreizehnten und vierzehnten Monatsgehälter in Portugal in Gänze nur für öffentlich Bedienstete mit einem Lohn über 1000 Euro gestrichen. Für die Gehaltsgruppen zwischen 485 Euro (dem portugiesischen Mindestlohn) und 1000 Euro erfolgte nur eine Teilstreichung (vgl. Europäische Kommission 2011b). Die unteren Lohngruppen waren somit in fast allen Programmen von den Kürzungen ausgenommen oder weniger stark betroffen. Bei den Stellenkürzungen wurde dagegen auf einen solchen Sozialschutz verzichtet. Wenn Ausnahmen gemacht wurden, dann dienten diese der Wahrung staatlicher Aufgaben. Beispielsweise werden im irischen Memorandum die Ausgaben für Schulen und Krankenhäuser geschützt (vgl. z. B. Europäische Kommission 2011d).

In den Memoranda verpflichteten sich die Regierungen damit auf Druck der Geldgeber zu weitreichenden Sparmaßnahmen im öffentlichen Dienst. Diese oft tiefgreifenden Einschnitte für die Bediensteten führten vielerorts zu Protesten und Demonstrationen (zu den Protesten in Griechenland vgl. Ioannou 2016 und Tzannatos und Monogios 2013, für einen Überblick vgl. Europäische Kommission 2013b). Zwar wurde auf Entlassungen meistens verzichtet, wohl aber wurden befristete Arbeitsverträge nicht verlängert und die Staatsdiener büßten Einkommen ein. Von der Idee eines sozial vorbildlichen Arbeitgebers verabschiedeten sich die Regierungen mit den Programmen weitgehend (vgl. auch Glassner und Keune 2012; Ioannou 2013; Schulten und Müller 2015), einzig durch den Sozialschutz bei den Lohnkürzungen wurde versucht, die sozialen Kosten für besonders schwache Gruppen abzufedern.

7.4 Bekämpfung von Arbeitslosigkeit in Zeiten der Krise

Die eingangs erwähnten steigenden bzw. hohen Arbeitslosenzahlen werden in allen Programmen thematisiert. Exemplarisch steht hierfür das zypriotische Memorandum, in dem auf den „raschen Anstieg der Arbeitslosigkeit" in Folge der Krise verwiesen wird (Europäische Kommission 2013a, S. 92, ähnliche

Kommentare finden sich auch in vielen anderen Memoranda, Übersetzung der Autorin). Allerdings bedurfte es einiger Zeit, bis in allen Programmen diesbezüglich auch ein Handlungsbedarf gesehen wurde (siehe Tabelle 7.3). So wurde das Thema im ersten griechischen Programm nur ab und an erwähnt, ohne dass hieraus Handlungsnotwendigkeiten abgeleitet wurden. Erst im zweiten Programm, das im Jahr 2012 startete, werden die negativen Entwicklungen auf dem Arbeitsmarkt problematisiert und Handlungsnotwendigkeiten betont. Auch in den Programmen Irlands und Portugals lässt sich beobachten, dass das Problem im Lauf der Zeit und damit in den Updates der Memoranda an Bedeutung gewinnt. Nur im zypriotischen Programm wird den hohen Arbeitslosenzahlen von Anfang an der Kampf angesagt. Allerdings startete es als letztes und damit zu einer Zeit, in der auch die anderen Programme das Thema bereits aufgegriffen und problematisiert hatten.

Insbesondere ab dem Jahr 2012 wurden die hohen Arbeitslosenzahlen als ein gewichtiges Problem identifiziert, dem mit Gegenmaßnahmen begegnet werden müsse (siehe Tabelle 7.3 im Anhang). Gleichzeitig kam es zu einer Ausdifferenzierung. Insbesondere die Situation von Langzeitarbeitslosen und Jugendlichen galt nun als untragbar und bekämpfenswert. So wurde beispielsweise in einem Update des zypriotischen Memorandums festgestellt, dass „die Situation nach wie vor schwierig ist, da die Arbeitslosigkeit, insbesondere für Jugendliche, auf ein sehr hohes Niveau ansteigt, während die verfügbaren Einkommen sinken" (Europäische Kommission 2014, S. 101, Übersetzung der Autorin, ähnliche Aussagen finden sich so auch ab dem Jahr 2012 in den meisten anderen Programmen). Es deutet sich also durchaus ein Problembewusstsein auf europäischer Ebene an. Damit stellt sich die Frage, welche Maßnahmen im Kampf gegen die hohe Arbeitslosigkeit empfohlen und angemahnt werden.

In allen Programmen wird betont, dass beschäftigungspolitische Reformen notwendig sind, um den Druck auf Arbeitslose zu erhöhen, einen Arbeitsplatz zu suchen und zu finden. So sollen etwa in Portugal nach einer „Re-Evaluierung des Arbeitslosenversicherungssystems die Anreize so geändert werden, dass sich die Beschäftigung erhöht [...] und die sozialen Sicherheitsnetze gestärkt werden. Wir [die portugiesische Regierung, JP] werden die maximale Dauer der Leistungen der Arbeitslosenversicherung auf höchstens 18 Monate kürzen und die Leistungen auf das 2,5-Fache des Sozialhilfeindex begrenzen und nach sechs Monaten Arbeitslosigkeit ein rückläufiges Leistungsprofil einführen (Kürzung der Leistungen um mindestens 10 Prozent), ohne die erworbenen Ansprüche zu verringern" (Europäische Kommission 2011a, S. 52, Übersetzung der Autorin). Kürzungen des Arbeitslosengeldes in Dauer und Höhe entsprechen somit nicht nur dem Ziel der Haushaltskonsolidierung, sondern gelten auch als geeignetes Instrument zur Bekämpfung der hohen Arbeitslosenzahlen.

Daneben sind Bildungsprojekte geplant, mit denen die Beschäftigungsfähigkeit gerade von jungen Menschen erhöht werden soll. Beispielsweise berichten die Dokumente des zweiten griechischen Programms von einem Praktikums- und Beschäftigungsgutscheinprogramm. „Das Programm, das mit 180 Millionen EUR aus Mitteln des Europäischen Sozialfonds kofinanziert wird, unterstützt die berufliche Ausbildung und Praktika von 45.000 Personen im Alter von bis zu 29 Jahren über einen Zeitraum von sechs Monaten" (Europäische Kommission 2013d, S. 131, Übersetzung der Autorin). Auch mit finanzieller Unterstützung der EU soll dafür gesorgt werden, dass gerade junge Menschen ihre Qualifikationen verbessern können. Allerdings bleibt unklar, ob dies zu einer besseren Integration in den Arbeitsmarkt führt. Auch sind die Projekte im Gegensatz zu den Kürzungen beim Arbeitslosengeld zeitlich und räumlich begrenzt. Insgesamt kann festgehalten werden, dass die hohen Arbeitslosenzahlen auch in den Programmen als Problem gesehen werden, das es zu bewältigen gilt. Als geeignete Gegenmaßnahmen gelten hierbei Kürzungen der Sozialleistungen und Bildungsprojekte.

7.5 Asymmetrische Machtfigurationen in den Rettungsprogrammen

Die Rettungsprogramme sorgten nicht nur dafür, dass Staatsschulden jederzeit bedient werden konnten. Ihr Anspruch war auch, die betroffenen Staaten für die Zukunft krisensicherer zu machen. Die Programme verknüpften die aktuelle und kurzfristige Krisenbewältigung mit langfristig angelegten Maßnahmen zur Krisenprävention. Dabei verpflichteten die Programme die Regierungen zu weitreichenden Reformen und griffen hier tief in die Beziehung von Regierung und Bürgern ein.

Die Memoranda wurden individuell zwischen den jeweiligen Regierungen und den europäischen und internationalen Geldgebern ausgehandelt. Trotzdem liegt ihnen länder- und programmübergreifend ein ähnliches (Sozial-)Staatsverständnis zugrunde. Soziale Probleme wie Arbeitslosigkeit oder Bedürftigkeit werden durchaus in den Dokumenten der Programme thematisiert. Auch nimmt das Problembewusstsein im Lauf der Zeit zu. Allerdings sind die Gegenmaßnahmen stets der Idee eines „schlanken" Staates verpflichtet. Der Sozialstaat soll sich demnach vor allem auf die Mindestsicherung konzentrieren. Wenn Sozialschutz gewährt wird, dann soll dieser an die Schwächsten der Gesellschaft gehen. Auch die Einführung einer Mindestsicherung in Griechenland und damit die weitreichendste sozialpolitische Forderung in den Programmen entspricht letzten Endes einem liberalen Sozialstaatsverständnis. Dies bedeutet zum einen, dass eine allgemeine Absicherung und ein allgemeiner Sozialschutz der Arbeitnehmer oder gar der Bürger keine Rolle spielt. Zum anderen bedeutet dies aber auch, dass Sozialschutz vor allem solchen Gruppen gewährt wird, die als hilflos gelten. An dieser Stelle wäre weitere Forschung nötig, wer praktisch auf nationaler Ebene zu den schwächsten und bedürftigsten Personen und Gruppen gezählt wird. Mein Eindruck auf Basis der Dokumentenanalyse ist, dass hier durch die Hintertür (noch) verstärkter zwischen schuldigen und damit nicht unterstützungswürdigen und unschuldigen und damit schutzwürdigen Personen differenziert wird. Arbeitslose sollen in diesem Staatsverständnis weniger sozial abgesichert werden. Vielmehr soll der Staat primär dafür Sorge tragen, dass Arbeitslose ihre Anstrengungen erhöhen, eine neue Stelle zu finden. Als geeignete Maßnahmen gelten hier eine Absenkung des Sozialschutzes und Bildungsmaßnahmen. Dass in Zeiten von Wirtschaftskrisen die Zahl der Arbeitsplätze sinkt, wird in den Dokumenten nicht thematisiert. Auch wird nicht problematisiert, dass die Rekommodifizierung der Arbeitslosen und damit ein größerer Wettbewerb unter den Arbeitsuchenden die Verhandlungsposition gegenüber den Arbeitgebern senkt und so zu schlechteren Arbeitsbedingungen und Einkommenschancen führen kann. Für Beschäftigte des öffentlichen Dienstes bedeutet die Idee des schlanken Staates, dass ihre Einkommen und ihre soziale Absicherung auf dem Prüfstand stehen. Denn sie werden vor allem als Kostenfaktor wahrgenommen, den es zu reduzieren gilt, und sollen künftig effizienter arbeiten.

Dieses Staats- und Politikverständnis ist nicht neu und knüpft an bestehende Debatten und Programme der EU an (vgl. Crespy und Menz 2015; Jones et al. 2016). In der Strategie EU2020 verpflichtete sich etwa die Europäische Kommission auch, „Programme zu konzipieren und durchzuführen, mit denen soziale Innovationen für die Schwächsten der Gesellschaft gefördert werden sollen […]" (Europäische Kommission 2010e, S. 23). Die Programme zur Bewältigung der Krise können daher als Fortführung und Vertiefung der europäischen Sozialpolitik gelten, die den Schwerpunkt mehr auf die Inklusion denn auf die soziale Absicherung aller Bürger legt (vgl. Preunkert 2009). Auch die Bekämpfung von Arbeitslosigkeit durch eine stärkere Disziplinierung der Arbeitslosen mithilfe von Sanktionen bzw. durch die Stärkung der Beschäftigungsfähigkeit mit Bildungsmaßnahmen schließt an bestehende europäische Politik an (vgl. Zirra und Preunkert 2009). Verbunden waren die Maßnahmen in den Programmen denn auch mit einer Debatte auf europäischer Ebene, wie man noch darüber hinaus Arbeitslosigkeit, gerade in den Krisenstaaten, durch gemeinsame Anstrengungen bekämpfen kann (vgl. Europäischer Rat 2012a, 2012b, 2012c, 2013a, 2013b). Insbesondere die wachsende Zahl arbeitsloser (junger) Menschen wurde dabei als ein soziales Problem identifiziert, das alle Mitglieder der EU etwas angeht. „Die Bekämpfung der Jugendarbeitslosigkeit ist angesichts der unannehmbar hohen Zahl junger Europäer, die arbeitslos sind, ein besonderes und unmittelbares Ziel" (Europäischer Rat 2013b, S. 1). Mit den Programmen wird auf die (neue) Situation in den vier Ländern reagiert. Gleichzeitig deutet vieles darauf hin, dass die Europäische Kommission auf die Entwicklungen durch die Brille der Strategie EU2020 blickte und auf „bewährte" Politikansätze zur Bekämpfung der Probleme zurückgriff. Sowohl mit den inhaltlichen Schwerpunkten als auch mit den Politikansätzen schließen die Programme also an bestehende Debatten und Strukturen der EU an.

Die Analyse der Programme sagt uns nichts über die Umsetzung auf nationaler Ebene und damit über die Folgen der Programme. An anderer Stelle habe ich mit zwei Kollegen eben diese Folgen am Beispiel des öffentlichen Sektors untersucht (vgl. Broschinski et al. 2018). Unsere Ergebnisse zeigen, dass Beschäftigte im öffentlichen Dienst ein geringeres Risiko hatten, arbeitslos zu werden, als ihre Mitbürger in der Privatwirtschaft. Die Beschäftigungszahlen wurden im öffentlichen Sektor weniger stark reduziert als in der Privatwirtschaft. Dafür mussten die Bediensteten des öffentlichen Dienstes höhere Lohnkürzungen hinnehmen. Fragt man nach einem Sozialschutz für besonders schwache Gruppen, dem sich die Programme ja verschrieben haben, dann zeigt sich: Es waren gerade die Schwächsten, die besonders hart von den Sparzielen betroffen waren. Die Anzahl der gering qualifizierten und der jungen Beschäftigten reduzierte sich während der Krise im öffentlichen Sektor am stärksten. Danach, in einer Zeit der Erholung, wurden sie zwar wieder eingestellt, nun werden sie aber im Vergleich zur Zeit vor der Krise schlechter bezahlt und sind meist nur befristet angestellt. Die Programme und damit die Kontroll- und Überwachungsmechanismen mögen vorbei sein. Auch verbessert sich langsam die Situation auf den Arbeitsmärkten in den vier Staaten (siehe Grafik 7.1). Allerdings deutet vieles darauf hin, dass die sozialen Folgen der Krise und der Rettungsprogramme gerade für die sozial Schwächsten noch lange zu spüren sein werden (vgl. auch Deutschmann 2014; Matthijs 2014, 2016).

8. Fazit

Ausgangspunkt des Buches war die Beobachtung, dass bislang viel über den Anstieg der Schuldenquote und die sich daraus scheinbar ergebenden Autonomieverluste der Regierungen geschrieben wurde (vgl. Blyth 2014a; Hall 2014; Major 2013; Streeck 2013). Wenig Beachtung finden dagegen in den aktuellen Krisendiagnosen überraschenderweise die Märkte für Staatsschulden selbst. Gleichzeitig ist auch bekannt, dass ein Anhäufen von Schulden auch für die Investoren nicht ohne Risiko ist, denn Rückzahlungsschwierigkeiten könnten dann die eigene Bilanz durcheinanderwirbeln und die eigene finanzielle Stabilität gefährden. „Wie das Sprichwort sagt: Wenn Sie der Bank 5000 Pfund schulden, stecken Sie in Schwierigkeiten, aber wenn der Betrag 50 Millionen Pfund beträgt, steckt die Bank in Schwierigkeiten" (Ingham 2004, S 138, Übersetzung der Autorin). Das vorliegende Buch rückte deshalb die Staatsschuldenbeziehungen der Eurozone und ihre Entwicklungen in den Mittelpunkt der Analyse und fragte, wie es um die Autonomie der Regierungen der Eurozone auf den Märkten für Staatsschulden bestellt ist.

Theoretisch galt es, zunächst ein Rüstzeug zu entwickeln, mit dem die relevanten Akteure auf den Märkten für Staatsschulden identifiziert und die Beziehungen zu den Regierungen definiert werden konnten. In der Ökonomie wird die Position der Regierungen auf den Märkten bestimmt, indem nach den Investoren, dem zuständigen rechtlichen Rahmen und der Währung, in der die Schuldtitel ausgestellt sind, gefragt wird (vgl. Reinhart und Rogoff 2013). Bei Inlandsschulden (inländischer Investor, inländisches Recht und heimische Währung) werden der Regierung größere Handlungs- und Gestaltungsspielräume zugeschrieben als bei Auslandsschulden. Übersetzt man diese Zuschreibungen in Beziehungen, so ergeben sich die Autonomie, aber auch die Zwänge der Regierungen auf den Märkten für Staatsschulden aus ihren Beziehungen zu inländischen oder ausländischen Investoren, der eigenen und fremden Zentralbank sowie den eigenen und fremden Gesetzgebern. Erwartet wird hier, dass die eigene Zentralbank wie auch der eigene Gesetzgeber als Verbündete der Regierung auftreten, im Zweifelsfall zu ihren Gunsten in den nationalen Markt für Staatsschulden intervenieren und damit ihre Autonomieräume erweitern, während bei einer Verschuldung in einer anderen Währung bzw. nach einem anderen Rechtssystem Zentralbank und Gesetzgeber des jeweiligen Staates eher das Wohl „ihrer" Regierung im Blick haben und daher im Zweifelsfall die Autonomieräume der Schuldnerregierung reduzieren. Da sich europäische Regierungen primär nach europäischem Recht und in der gemeinsamen Währung, dem Euro, verschulden, ließen sich leicht die wichtigsten Marktteilnehmer identifizieren: dies sind neben den Investoren die Europäische Zentralbank und der europäische Gesetzgeber.

Allerdings wurde auch deutlich, dass die in der Ökonomie verbreitete binäre Differenz zwischen In- und Ausland für die Eurozone zu kurz greift. Vielmehr muss empirisch gefragt werden, in welchen Beziehungen die Regierungen in der Eurozone zu den drei Akteursgruppen stehen und wie sich die Beziehungen im Lauf der Zeit, gerade in der Krise, wandelten. Darüber hinaus wurde deutlich, dass gerade im transnationalen Kontext eine weitere Beziehung von zentraler Bedeutung ist, die mit dem Fokus auf Investoren, Recht und Währung bislang ignoriert wurde, und zwar die Beziehung der Regierungen zueinander: Diese stehen in der Eurozone, und damit einem Währungsraum mit einem gemeinsamen Recht, in einem unmittelbaren Wettbewerbsverhältnis um die Gunst der Investoren. Auch stehen sie in einer mittelbaren Beziehung zueinander, denn wenn eine Regierung bei ausländischen Investoren säumig bleibt, ruft dies in der Regel die Heimatregierung der betroffenen Investoren auf den Plan. In der Erwartung, dass die Investoren der Regierungen in der Eurozone vor allem aus dem europäischen Raum kommen, bedeutet dies: im Krisenfall, und damit bei Streitigkeiten zwischen Regierung und Investoren, werden sich andere europäische Regierungen einschalten. Im Zentrum dieses Buches standen damit die Beziehungen der Regierungen der Eurozone nicht nur zu ihren Investoren, sondern auch zur EZB, den europäischen Gesetzgebern und den anderen Regierungen. Untersucht wurden die Machtbalancen zwischen den Regierungen und den anderen Marktteilnehmern und die sich daraus ergebenden Machtfigurationen.

Im ersten empirischen Schritt wurden die *Beziehungen zwischen den Regierungen und dem europäischen Gesetzgeber* betrachtet. Auf nationaler Ebene definiert das jeweilige Parlament die Regeln für den Markt der Staatsschulden und es wird erwartet, dass es dies im Sinne der eigenen Regierung tut. Nationale Gesetzgeber privilegieren in der Regel die eigenen Staatsschulden und erlauben den Regierungen, zwischen nationalen und fremden Investoren zu diskriminieren. Auf europäischer Ebene sind die europäischen Gesetzgeber für den Rechtsrahmen verantwortlich. Die Regeln sind nun europaweit einheitlich definiert. Diese *Europäisierung des Rechts* muss nicht bedeuten, dass sich die Handlungsspielräume der Regierung verkleinern. Im konkreten Fall werden Staatsschulden aus der Eurozone weiterhin privilegiert, so müssen für sie beispielsweise keine Sicherheiten hinterlegt werden. Nationale Abschottungen oder Unterscheidungen zwischen den nationalen Investoren und anderen Investoren aus der EU bzw. den eigenen Staatsschuldtiteln und anderen Titeln aus der EU sind aber nicht mehr möglich. Durch die europäischen Regeln verlieren in erster Linie die nationalen Gesetzgeber an regulativer Macht, was in zweiter Linie die Privilegien der Regierungen reduziert. Diese sind nun angehalten, sich ohne nationale Rückzugs- und Abschottungsoptionen im europäischen Raum zu verschulden.

In einem nächsten Schritt wurden dann die Beziehungen *zwischen den Regierungen und ihren privaten Investoren* untersucht. Zunächst wurde hier noch nicht gefragt, bei wem sich Regierungen Geld leihen. Vielmehr galt es zu bestimmen, welche Form der Schuldenbeziehungen die Regierungen überhaupt eingehen. Hierbei zeigte sich ein dem Euro schon vorausgehender Prozess der *Finanzialisierung von Staatsschuldenbeziehungen*. An die Stelle von bilateralen Krediten traten bereits ab den 1970er-Jahren handelbare und damit marktfähige Anleihen. Dieser Wandel weg von *Kredit-* hin zu *Marktbeziehungen* ist ein in allen westlichen Staaten beobachtbareres Phänomen. Dabei entstanden gerade in Europa zunächst nationale Märkte für Staatsschulden (vgl. Preunkert 2016).

Darauf aufbauend wurde dann untersucht, wer in der Eurozone die Staatsschuldtitel der Regierungen kauft und hält. Gefragt wurde, ob eine *Transnationalisierung der Marktbeziehungen* beobachtet werden kann. Nationale Marktbeziehungen werden bestimmt von einer hohen wechselseitigen Abhängigkeit zwischen Regierung und Investoren. Von nationalen Investoren und hier insbesondere von Banken wird im Sinne der Terminologie von Hirschman eine besondere Loyalität erwartet. Wenn eine Regierung in Zahlungsschwierigkeiten gerät, stellen nationale Investoren – in der Hoffnung, so die Regierung zu stabilisieren und keine eigenen Verluste einzufahren – dieser zunächst weitere Gelder zur Verfügung. Die wechselseitige Abhängigkeit kann aber auch in einen Teufelskreis münden. In diesem Fall müssten sich Banken und Regierungen wechselseitig stabilisieren, was langfristig zu einer Destabilisierung des gesamten nationalen Wirtschaftsraums führen kann. In der Eurozone und damit auch in einem europäisierten Rechtsrahmen öffneten sich die Marktbeziehungen und weisen einen für westliche Verhältnisse überdurchschnittlichen Transnationalisierungsgrad auf. Allerdings deuten die (spärlich) vorhandenen Daten weniger auf eine Schließung der Marktbeziehungen innerhalb der Eurozone als vielmehr des europäischen Wirtschaftsraums hin. Am Beispiel der Banken zeigte sich, dass die ausländischen Geldgeber der Regierungen der Eurozone vor allem aus dem europäischen Wirtschaftsraum kommen.

Verdeckt von der Zinskonvergenz der ersten Jahre in der Eurozone zeichnete sich des Weiteren parallel zur Transnationalisierung der Marktbeziehungen ein tiefgreifender *Wandel der Investorenzusammensetzungen* ab. Banken verloren bei allen Regierungen der Eurozone als Investoren an Bedeutung, dafür wurden andere Gruppen wichtiger. Auch hier deutet sich schon früh eine Spaltung der Eurozone an: Private Investoren jenseits der Banken, wie Fonds oder Versicherungen, erwarben Anleihen solcher Regierungen, beispielsweise der griechischen oder italienischen, die früher eher höhere Zinsen zahlen mussten und deshalb mit einem höheren Ausfallrisiko in Verbindung gebracht wurden. Dagegen kauften sich ausländische Zentralbanken vor allem bei solchen Regierungen wie der deutschen Bundesregierung ein, die wirtschaftlich wie politisch als gefestigt und bedeutend und damit als sichere Häfen gelten. *Finanzialisierung* und *Transnationalisierung* der Schuldenbeziehungen führten in Kombination mit der *Europäisierung des Rechtsrahmens* dazu, dass sich Regierungen transnational auf den Finanzmärkten verschuldeten und sich so neue Investorengruppen erschlossen. In Zeiten hoher Nachfrage nach Staatsschulden auf den Märkten erhöhte dies scheinbar die Autonomie der Regierungen, denn sie konnten Zinsbedingungen vorgeben und vor allem Kosten sparen. Erkauft wurde dies jedoch teilweise mit instabilen Marktbeziehungen, denn wie sich im Falle der Krise zeigte, zogen sich gerade ausländische private Investoren bei sinkender Kreditwürdigkeit aus den Marktbeziehungen zurück. Gleichwohl wurde auch deutlich, dass die Handlungsspielräume der Regierungen gerade in den Marktbeziehungen variieren. Allen voran nimmt die deutsche Bundesregierung im Wettbewerb um die Gunst der Investoren eine privilegierte Stellung ein. Als Regierung des wirtschaftlich stärksten Staates werden ihre Schuldtitel global und vor allem von ausländischen Zentralbanken nachgefragt und zu Krisenzeiten kann sie als sicherer Hafen die Kosten für ihre Schulden weiter senken. Damit wurde offenkundig, dass die Risiken und Profite der veränderten Marktbeziehungen (schon vor der Krise) nicht zwischen allen Regierungen gleich verteilt sind.

Wie steht es nun um mögliche Partner für die Regierungen in Zeiten von Krisen? In diesem Zusammenhang wurde die *Beziehung zwischen den Regierungen der Eurozone und der EZB und den nationalen Zentralbanken* betrachtet. Im nationalen Kontext sind die Zentralbanken wichtige Verbündete der Regierungen, die im Krisenfall einer Regierung direkt Staatsschuldtitel abnehmen bzw. auf den Finanzmärkten erwerben. Da die Regierungen zur Marktdisziplin angehalten werden sollten, wurden der EZB und den nationalen Zentralbanken Interventionen auf den Staatsschuldenmärkten untersagt. Deswegen hielt die EZB bis zur sogenannten Eurokrise keine Staatsschuldtitel. Auch die beteiligten nationalen Zentralbanken reduzierten ihr Portfolio diesbezüglich. Die Regierungen hatten einen wichtigen Verbündeten verloren. In der Krise begannen die EZB und die nationalen Zentralbanken Anleihen zu erwerben, zunächst von kriselnden Regierungen, später von allen Regierungen, deren Schuldtitel bestimmte Mindestqualitäten erfüllten. Dies trug zur Entlastung der betroffenen Regierungen bei. Aber vergrößerte dies auch die Autonomie der Regierungen? Das muss bezweifelt werden.

Die EZB und die nationalen Zentralbanken sehen sich der Marktstabilität verpflichtet. Sie kaufen Schuldtitel auf den Sekundärmärkten, d. h., sie erwerben sie nicht direkt von den Regierungen, sondern von Investoren auf den Finanzmärkten. Damit vergrößern sie zunächst einmal die Handlungsoptionen der Investoren, die nun unliebsame Anleihen jederzeit weiterverkaufen können.

Erst in zweiter Linie unterstützen sie die Regierungen. Diese müssen ihre Anleihen zunächst erfolgreich auf den Finanzmärkten platzieren, damit sie dann wieder aufgekauft werden können. Auch ist die EZB mittlerweile von ihrem ersten Ansatz, Papiere von kriselnden Regierungen zu erwerben, abgekommen. Sie kauft zusammen mit den nationalen Zentralbanken nun nur noch solche Staatsanleihen, deren Regierung nicht gleichzeitig an einem der sogenannten Rettungsprogramme teilnimmt. Dies kann Regierungen helfen, die Probleme haben, ihre Schuldtitel zu günstigen Konditionen auf den Finanzmärkten zu platzieren. So wird immer wieder betont, dass das Kaufprogramm auch der italienischen Regierung zugutekommt. Jedoch war lange Zeit etwa die griechische Regierung, und damit die Regierung mit den größten finanziellen Problemen in der Eurozone, von dem Programm ausgeschlossen. Es handelt sich damit explizit um kein Programm, auf das Regierungen zurückgreifen können, die große Refinanzierungsprobleme haben. Auch richten sich die Aufkäufe nach einem festen Aufteilungsschlüssel, der sich nach Anteil der Länder am Kapital der EZB richtet. Dies hat zur Folge, dass deutsche Staatsschulden etwas über ein Viertel des Kaufvolumens ausmachen, gefolgt von französischen (20,1 Prozent), italienischen (17,5 Prozent) und spanischen (12,5 Prozent). Das seit 2012 und der berühmten „What ever it takes"-Rede des damaligen EZB-Präsidenten bestehende Programm zur Unterstützung von besonders hilfsbedürftigen Regierungen wurde noch nicht aktiviert. Jedoch muss auch hier beachtet werden, dass diese Hilfe nur abgerufen werden kann, wenn eine Regierung Maßnahmen des ESM in Anspruch nimmt und damit auch die Konditionen der sogenannten Troika akzeptiert. Die EZB und die nationalen Zentralbanken intervenieren mittlerweile auf den Märkten für Staatsschulden und mittelbar kann dies einzelne Regierungen entlasten. Sie stellen jedoch keine Verbündeten für die Regierungen dar, die deren Marktabhängigkeit reduzieren würden.

Schließlich wurden die *Beziehungen zwischen den Regierungen* ins Zentrum der Analyse gerückt. Solange sich die europäischen Regierungen vor allem im Inland mit Geld versorgten, spielten diese Beziehungen keine oder nur eine sehr untergeordnete Rolle. Durch die Verschuldung einer Regierung im Ausland geraten bei ihren Zahlungsschwierigkeiten Investoren in Bedrängnis, für deren Stabilität andere Regierungen verantwortlich zeichnen. Dies gilt auch in der EU, wo trotz des europäischen Integrationsprozesses die Verantwortung für die nationale Wirtschaftsstabilität vor allem bei den heimischen Regierungen liegt. Diese mittelbaren Beziehungen galt es zu berücksichtigen, um die europäische Krisenpolitik und damit die *Politisierung der Schuldenbeziehungen* zu verstehen. Die Staatsschuldtitel der Regierungen der Eurozone werden, zumindest deuten dies die Zahlen für den Bankensektor an, vor allem von Investoren aus wirtschaftlich stärkeren Staaten gehalten. Diese Zentrum-Peripherie-Strukturen haben zur Folge, dass bei Zahlungsausfällen von peripheren Regierungen Investoren aus den Zentren besonders betroffen sind. Dies kann erklären, warum auch Regierungen wie die deutsche Bundesregierung Rettungsprogrammen zustimmten und ihr Veto aufgaben. Hierzu passt auch, dass die sogenannten Rettungsprogramme den Regierungen weitreichende Reformen auferlegten, die Investoren dagegen kaum belasteten. Die Rettungsprogramme sind demnach Hilfen der Regierungen zur Stabilisierung der eigenen Finanzsektoren zulasten der kriselnden Regierungen. Die Rettungsprogramme haben auch zur Folge, dass sich weitere und in diesem Ausmaß für die europäischen Regierungen neue Kreditbeziehungen entwickelten. Denn auch nach dem Ende der Rettungsprogramme halten die Rettungsfonds erhebliche Anteile an den Staatsschulden der vormals kriselnden Regierungen. Die Regierungen der Eurozone spalten sich nun in Schuldner- und Gläubigerregierungen. Diese Spaltung ist dabei weitgehend deckungsgleich mit den oben beschriebenen Spaltungen der Marktbeziehungen, d. h., Regierungen, die als sichere Häfen gelten und eine privilegierte Position auf den Märkten innehaben, treten jetzt auch als Gläubigerregierungen auf, während einige Regierungen, die vor der Krise die Senkung der Kosten durch instabile Marktbeziehungen „erkauften", in der Krise zu den Schuldnerregierungen wurden.

Meine Ergebnisse deuten damit darauf hin, dass die Regierungen der Eurozone in den letzten Jahren auf den Finanzmärkten an Autonomie verloren haben. Sie mussten sich im Lauf ihre Verschuldungsstrategien immer marktförmiger ausrichten und mögliche Interessen der Investoren stärker mitberücksichtigen. Dies geht nach meiner Lesart jedoch weniger auf die oft thematisierte „Anhäufung von Schuldenbergen" zurück als auf veränderte Rechtsrahmen, die Neupositionierung von vormaligen Verbündeten, auf die Selbstpositionierung der Regierungen auf den Märkten und nicht zuletzt auf die neuen, transnationalen Marktbeziehungen. Zunächst schienen die neuen Bedingungen sogar die Handlungsspielräume der Regierungen der Eurozone zu vergrößern. Denn diese konnten sich wegen der großen Nachfrage nach ihren Schuldtiteln günstig verschulden. Dies änderte sich in der sogenannten Eurokrise. Die Krise machte aber nicht nur die Autonomieverluste der Regierungen sichtbar, sie brachte auch deutlich zutage, dass die Handlungsspielräume der Regierungen auf den Finanzmärkten stark variieren. Hier zeigten sich Unterschiede zwischen den Regierungen, die zunächst von der Zinskonvergenz verdeckt worden waren. So wurde von Beginn der Eurozone von den Investoren zwischen Regierungen, die als sichere Häfen galten, und dem Rest unterschieden. Angeführt von der deutschen Bundesregierung gibt es eine Gruppe an Regierungen, die einen sehr privilegierten Zugang zu den Finanzmärkten haben und die ihre Position gerade in der Krise verbessern konnten. Dem steht eine Gruppe an Regierungen gegenüber, die sich günstige Zinskonditionen mit instabilen Marktbeziehungen erkauften und die später Refinanzierungsprobleme bekamen. Politisch manifestiert wurde diese Spaltung durch die europäischen Rettungsschirme, bei denen sich nun Gläubiger- und Schuldnerregierungen gegenüberstehen. Dass gerade die von mir untersuchten Schuldenbeziehungen in der Eurozone und die sich hieraus ergebenden Machtfigurationen bis heute nichts an ihrer politischen Brisanz verloren haben, zeigte sich aktuell im Streit über den richtigen Umgang mit den wirtschaftlichen Folgen der COVID-19-Pandemie. Auch deutet sich hier an, dass die von mir beschriebenen Spaltungen der Marktpositionen der Regierungen und ihre politische Bedeutsamkeit eher zu- als abnehmen.

Im Frühjahr 2020 verursachte die COVID-19-Pandemie in allen europäischen Ländern einen gesellschaftlichen Stillstand. Um die wirtschaftlichen Folgen dieser außergewöhnlichen Situation abzumildern, starteten alle europäischen Regierungen Hilfsprogramme, die hauptsächlich durch Schulden finanziert werden. Einige Regierungen, wie etwa die italienische und die spanische, hatten dabei von Beginn an mit steigenden Zinsen zu kämpfen. Und hier scheint wieder einmal das berühmte Murmeltier zu grüßen. Denn ähnlich wie in der Krise zuvor lehnten zunächst alle möglichen Partner Hilfe ab. So widersprach die neue Präsidentin der EZB Christine Lagarde (2020, Übersetzung der Autorin) mit deutlichen Worten einem Hilfeersuchen der italienischen Regierung. „Nun, wir werden da sein [...], aber wir sind nicht hier, um den Spread[26] zu schließen". Die EZB-Präsidentin wurde für diese Erklärung stark kritisiert (u. a. Luccese und Pianta 2020), da als Reaktion auf ihre Erklärung die „Mailänder Börse um 16,9 % fiel, der größte Rückgang in einer einzigen Sitzung seit der Einführung des Index im Jahr 1998" (Fortuna 2020a, Übersetzung der Autorin). Die Differenz zwischen italienischen und deutschen Zinsbelastungen ging daraufhin noch weiter auseinander, und die Situation für die italienische Regierung verschlechterte sich. Daher „hat Lagarde seitdem versucht, ihren Fehler zu korrigieren, indem sie klargestellt hat, dass die Zentralbank tatsächlich eine Verantwortung für die Bekämpfung der Fragmentierung in der Währungszone hat". (Taylor 2020, Übersetzung der Autorin). Um die Zinsdifferenzen zu verringern, kündigte die EZB ein neues Programm zur quantitativen Lockerung im Wert von 750 Milliarden Euro an (vgl. Fox 2020). Mit dem Programm sollten den Zinsunterschieden begegnet werden, die die EZB nun doch (erneut) als Gefahr für die Stabilität der Eurozone ansah.

Gleichzeitig begann eine hitzige Debatte über mögliche gemeinsame Anstrengungen der europäischen Regierungen. Regierungen aus Italien, Spanien und Frankreich sowie Wirtschaftswissenschaftler weltweit sprechen sich für sogenannte Coronabonds aus. Diese Anleihen ähneln den früher schon vorgeschlagenen, aber nie realisierten Eurobonds. Das heißt, alle Regierungen der Eurozone würden gemeinsam Anleihen auf den Finanzmärkten platzieren und

---

26 Spread meint hier die Differenz zwischen Zinsen für italienische Staatsanleihen und Zinsen für deutsche Bundesanleihen.

müssten daraufhin die gleichen (relativ niedrigen) Zinsen zahlen. Im Gegensatz zu Eurobonds sollen Coronabonds zeitlich befristet eingesetzt werden (vgl. Euractiv.com 2020b). Sie würden Regierungen in finanziellen Schwierigkeiten den Zugang zu günstigen Krediten erleichtern und ihnen somit helfen, die Krise ohne langfristige finanzielle Probleme zu bekämpfen. Für Coronabonds gab es aber nicht nur Unterstützung, es regte sich auch Widerstand, der so massiv ausfiel, dass sie bislang nicht eingeführt wurden. Im Lager der Gegner sind die deutsche Regierung und ihre Verbündeten aus Österreich, Finnland und den Niederlanden, die sich als „die Sparsamen" bezeichnen (vgl. Euroactiv.com 2020b), und damit all die Regierungen, die besonders privilegierte Marktpositionen einnehmen. Ausnahme ist hier die französische Regierung, die auch zu den Privilegierten zählt, aber Coronabonds unterstützt. Die Gruppe der selbsternannten Sparsamen betont zwar auch die Notwendigkeit einer koordinierten Politik zur Bekämpfung der Pandemie und ihrer wirtschaftlichen Herausforderungen. Jedoch befürchtet sie gleichzeitig, dass Euroanleihen eine Teilung der Ausfallrisiken bedeuten würden (vgl. Fortuna 2020b). Sie plädiert daher für eine Aktivierung des ESM, bei dem sich bereits in der letzten Krise Regierungen mit Krediten versorgen konnten, die von allen europäischen Regierungen gemeinsam besichert wurden. Im Gegensatz zur letzten Krise soll nun – hier gibt es ein Zugeständnis an die Gegenseite – auf Sparkonditionen verzichtet werden.

Im Lichte meiner Analyse wird deutlich, dass die Angst vor einer Risikoteilung nur ein Teil der Geschichte ist: Mit Coronabonds würden die deutsche Regierung sowie ihre verbündeten Regierungen ihre privilegierte Stellung auf den Finanzmärkten verlieren. Diese Position ermöglichte es beispielsweise der Bundesregierung, im Frühjahr 2020 enorme Geldmengen auf dem Finanzmarkt zu leihen, um die wirtschaftlichen Folgen der COVID-19-Pandemie zu bekämpfen, ohne sich dem Problem wachsender Zinssätze stellen zu müssen. Vielmehr war die deutsche Regierung trotz der neuen expansiven Schuldenpolitik nie zuvor in der Lage, sich so billig zu finanzieren. Im März 2020 beschloss die Regierung mehrere Antikrisenmaßnahmen mit einer Summe von rund zehn Prozent des deutschen Bruttoinlandsprodukts; gleichzeitig sanken die Zinssätze für zehnjährige Anleihen auf fast minus 7,5 Prozent und damit auf den niedrigsten Stand in der Geschichte (vgl. Euractiv.com 2020a; FAZ 2020). Mit der Einführung von Coronabonds würde ferner einhergehen, dass auch deutsche Unternehmen ihre privilegierte Position verlieren würden. Denn die Kreditkonditionen von Unternehmen richten sich nicht nur nach ihrer eigenen Kreditwürdigkeit, sondern auch nach der Position der jeweiligen Regierung. Die starke Ablehnung von Coronabonds muss daher nicht nur als Abneigung gegen die Teilung des finanziellen *Risikos*, sondern auch als Ablehnung der Teilung finanzieller *Privilegien* verstanden werden.

Der Euro stellt nicht nur als transnationales Zahlungsmittel ein soziales Experiment dar, das täglich von mehr als 340 Millionen Menschen genutzt wird; auch die Regierungen der Eurozone verschulden sich seit seiner Einführung unter neuartigen Bedingungen. Der Rechtsrahmen, die Rolle der Zentralbank und damit letzten Endes auch die Beziehungen zu den Investoren und den anderen Regierungen änderten sich. In den Nachwirren der globalen Finanzmarktkrise tauchten zunächst die Geister der Rückzahlungsprobleme und dann des Marktzusammenbruchs auf. Mit geballter Kraft ihrer Finanzressourcen traten die „Ghostbusters" der EZB und der Rettungsschirme an, um sich von ihnen zu befreien. Die neue Krisenpolitik sollte die bestehenden Machtfigurationen ergänzen und damit stabilisieren. Die aktuellen Entwicklungen während der COVID-19-Pandemie haben nun aber deutlich gezeigt, dass die europäischen Akteure nach wie vor auf der Suche nach der richtigen Krisenpolitik bzw. untereinander zerstritten sind. Es ist daher zu erwarten, dass das Gespenst der Staatsschulden uns in der Eurozone auch weiterhin begleiten wird.

Table 7.1: Sozialpolitik und Sozialschutz in den Memoranda

		Forderungen nach Kürzungen in sozialpolitischen Bereichen					Schutzklauseln für bedürftige Gruppen	
		Allgemein	Rente	Gesundheit	Arbeitslosigkeit	Mindestsicherung	Mindestsicherung	Sozialschutz
Zypern	MoU 2013	+	+	+	−	+	+	−
	Update Sommer 13	+	+	+	+	+	+	−
	Update Herbst 13	+	+	+	+	+	+	−
	Update Winter 13/14	+	+	+	+	+	+	−
	Update Frühling 14	+	+	+	+	+	+	−
	Update Sommer 14	+	+	+	+	+	+	−
	Update Sommer 15	+	+	+	+	+	+	
Griechenland I	MoU 2010	+	+	+	+	+	−	−
	Update Sommer 10	+	+	+	+	+	−	−
	Update Herbst 10	+	+	+	+	+	−	−
	Update Winter 10/11	+	+	+	+	+	−	−
	Update Frühling 11	+	+	+	+	+	−	−
	Update Herbst 11	+	+	+	+	+	−	−
Griechenland II	MoU 2012	+	+	+	−	+	+	+
	Update Winter 12/13	+	+	+	−	+	+	+
	Update Frühling 13	+	+	+	−	+	+	+
	Update Sommer 13	+	+	+	−	+	+	+
	Update Frühling 14	+	+	+	−	+	+	+
Griechenland III	MoU 2015	+	+	+	−	−	+	+
	Update Frühling 16	+	+	+	−	−	+	+
	Update Sommer 17	+	+	+	+	−	+	+
	Update Frühling 18	+	+	+	−	−	+	+
	Update Sommer 18	+	+	+	−	−	−	+

		Forderungen nach Kürzungen in sozialpolitischen Bereichen					Schutzklauseln für bedürftige Gruppen	
		All-gemein	Rente	Gesund-heit	Arbeits-losigkeit	Mindest-siche-rung	Mindest-siche-rung	Sozial-schutz
Irland	MoU 2011	+	+	+	+	+	−	−
	Update Sommer 11	+	+	+	+	−	−	−
	Update Herbst 11	+	+	+	+	−	−	−
	Update Winter 11/12	+	+	−	+	−	−	−
	Update Frühling 12	+	+	−	+	−	−	−
	Update Sommer 12	+	+	+	+	−	−	−
	Update Herbst 12	+	+	+	+	−	−	−
	Update Winter 12/13	+	+	+	+	−	−	−
	Update Frühling 13	+	+	+	+	−	+	−
	Update Sommer 13	+	+	+	+	−	+	−
	Update Herbst 13	+	−	+	+	−	+	−
Portugal	MoU 2011	+	+	+	+	+	−	−
	Update Sommer 11	+	+	+	+	+	−	−
	Update Herbst 11	+	+	+	+	+	−	−
	Update Winter 11/12	+	+	+	+	+	−	−
	Update Frühling 12	+	+	+	+	+	−	−
	Update Sommer 12	+	+	+	+	+	−	−
	Update Herbst 12	+	+	+	+	+	−	−
	Update Winter 12/13	+	+	+	+	+	−	−
	Update Sommer 13	+	+	+	+	+	−	−
	Update Winter 13/14	+	+	+	+	−	−	−
	Update Frühling 14	+	+	+	+	−	−	−

Anmerkung: + Beibehaltung bzw. Ausbau der Maßnahmen, + Kürzungen in dem Bereich,
− in den Dokumenten nicht genannt.
Eigene Auswertung und Darstellung
Quelle: Europäische Kommission

Table 7.2: Sparziele im öffentlichen Sektor

		Lohnkürzungen	Stellenabbau
Zypern	MoU 2013	+	+
	Update Sommer 13	+	+
	Update Herbst 13	+	+
	Update Winter 13/14	+	+
	Update Frühling 14	+	+
	Update Sommer 14	–	–
	Update Sommer 15	–	–
Griechenland I	MoU 2010	+	+
	Update Sommer 10	+	+
	Update Herbst 10	+	+
	Update Winter 10/11	+	+
	Update Frühling 11	+	+
	Update Herbst 11	+	+
Griechenland II	MoU 2012	+	+
	Update Winter 12/13	+	+
	Update Frühling 13	+	+
	Update Sommer 13	+	+
	Update Frühling 14	+	+
Griechenland III	MoU 2015	+	–
	Update Frühling 16	+	+
	Update Sommer 17	+	+
	Update Frühling 18	–	–
	Update Sommer 18	–	–
Irland	MoU 2011	+	+
	Update Sommer 11	+	+
	Update Herbst 11	+	+
	Update Winter 11/12	+	+
	Update Frühling 12	+	+
	Update Sommer 12	+	+
	Update Herbst 12	+	+
	Update Winter 12/13	+	+
	Update Frühling 13	+	+
	Update Sommer 13	+	+
	Update Herbst 13	–	–
Portugal	MoU 2011	+	+
	Update Sommer 11	+	+
	Update Herbst 11	+	+
	Update Winter 11/12	+	+
	Update Frühling 12	+	+
	Update Sommer 12	+	+
	Update Herbst 12	+	+
	Update Winter 12/13	+	+
	Update Sommer 13	+	+
	Update Winter 13/14	+	+
	Update Frühling 14	+	+

Eigene Auswertung und Darstellung
Quelle: Europäische Kommission

Table 7.3: Problematisierung von Arbeitslosigkeit in den Memorunda

		Arbeitslosigkeit	Langzeit-arbeitslosigkeit	Jugend-arbeitslosigkeit
Zypern	MoU 2013	++	+	+
	Update Sommer 13	++	+	+
	Update Herbst 13	+	+	+
	Update Winter 13/14	++	+	+
	Update Frühling 14	++	+	+
	Update Sommer 14	++		+
	Update Sommer 15	+	+	+
Griechenland I	MoU 2010	+	−	−
	Update Sommer 10	−	−	−
	Update Herbst 10	+	−	−
	Update Winter 10/11	−	−	−
	Update Frühling 11	+	−	−
	Update Herbst 11	+	−	+
Griechenland II	MoU 2012	+	−	−
	Update Winter 12/13	++	+	+
	Update Frühling 13	++	+	++
	Update Sommer 13	++	+	++
	Update Frühling 14	++	+	+
Griechenland III	MoU 2015	+	+	−
	Update Frühling 16	+	++	−
	Update Sommer 17	+	++	−
	Update Frühling 18	+	++	−
	Update Sommer 18	+	++	−
Irland	MoU 2011	−	−	−
	Update Sommer 11	−	−	−
	Update Herbst 11	+	+	−
	Update Winter 11/12	+	+	−
	Update Frühling 12	+	+	−
	Update Sommer 12	++	+	−
	Update Herbst 12	+	−	−
	Update Winter 12/13	+	+	−
	Update Frühling 13	++	+	+
	Update Sommer 13	++	+	+
	Update Herbst 13	+	−	+
Portugal	MoU 2011	+	+	+
	Update Sommer 11	+	+	−
	Update Herbst 11	+	+	−
	Update Winter 11/12	++	+	+
	Update Frühling 12	++	+	+
	Update Sommer 12	++	+	−
	Update Herbst 12	++	+	−
	Update Winter 12/13	++	+	−
	Update Sommer 13	+	+	−
	Update Winter 13/14	+	+	−
	Update Frühling 14	−	+	−

Eigene Auswertung und Darstellung
Quelle: Europäische Kommission

Literatur

Aalbers, M. B. (2008): The financialization of home and the mortgage market crisis. Competition and Change 12(2). S. 148-166.
Acharya, V. V., Richardson, M. (2009): Causes of the financial crisis. Critical Review: A Journal of Politics and Society 21(2-3). S. 195-210.
Aglietta, M., Breton, R. (2001): Financial Systems, Corporate Control and Capital Accumulation. Economy and Society 30(4). S. 433-466.
Alinson, J., Aidan R. (2016): European Monetary Integration and the Incompatibility of National Varieties of Capitalism. Journal of Common Market Studies 54(2). S. 318-336.
Andritzky, J. R. (2012): Government Bonds and Their Investors: What Are the Facts and Do They Matter? IMF Working Paper. WP/12/158.
Angeloni, C., Wolff, G. B. (2012): Are Banks affected by their holdings of government debts? Bruegel Working Paper (7). Bruegel.
Arslanalp, S., Tsuda, T. (2012): Tracking Global Demand for Advanced Economy Sovereign Debt. IMF Working Paper WP/12/284.
Bach, M. (2015): Negative Europäisierung: Die Eurokrise und die Paradoxien der institutionellen Überintegration. In: Preunkert, J., Vobruba, G. (Hg.): Krise und Integration. Gesellschaftsbildung in der Eurokrise. Wiesbaden: VS Verlag. S. 205-217.
Baldwin, R., Gros, D., Laeven, L. (2010): Completing the Eurozone Rescue: What More Needs to be Done? London: Centre for Economic Policy Research.
Barbosa L., Costa S. (2010): Determinants of sovereign bond yield spreads in the Euro Area in the context of the economic and financial crisis. Report, Banco de Portugal. Working Papers Estudos e Documentos de Trabalho.
Bartolini, S. (2007): Restructuring Europe: Centre Formation, System Building, and Political Structuring between the Nation State and the European Union. Oxford: Oxford Press.
Beck, U., Poferl, A. (2010): Große Armut, großer Reichtum. Zur Transnationalisierung sozialer Ungleichheit. Frankfurt a. M.: Suhrkamp.
Beckert, J. (2009): Wirtschaftssoziologie als Gesellschaftstheorie. Zeitschrift für Soziologie 38(3). S. 182-197.
Beckert, J. (2010): How Do Fields Change? The Interrelations of Institutions, Networks, and Cognition in the Dynamics of Markets. Organization Studies 31 (5). S. 605-627.
Beyer, J. (2018): Finanzialisierung, Demokratie und Gesellschaft - zehn Jahre nach Beginn der Finanzkrise. In: Beyer, J., Trampusch, C. (Hg.): Finanzialisierung, Demokratie und Gesellschaft. Sonderheft der Kölner Zeitschrift für Soziologie und Sozialpsychologie 58. S. 3-36.
Bieling, H.-J. (2013): European Financial Capitalism and the Politics of (De-)financialization. Competition and Change 17(3). S. 283-298.
Blackstone, B. (2010): ECB's Stark Denies Aid for Greece. In: The Wall Street Journal 07.01.2010. www.wsj.com/articles/SB126281612265818579. (zuletzt abgerufen am 08. Mai 2020)
Blankenburg, S., King, L., Konzelmann, S., Wilkinson F. (2013): Prospects for the Eurozone. Cambridge Journal of Economics 37(3). S. 463-477.
Blommestein, H. J., Turner, P. (2012): Interactions between sovereign Debt Management and Monetary Policy Under Fiscal Dominance and Financial Stability. OECD Working Papers on Sovereign borrowing and Public Debt Management, Nr. 3. Paris: OECD Publishing.
Blyth, M. (2002): The Great Transformation: Economic Ideas and Institutional Change in the 20th Century. Cambridge: Cambridge University Press.
Blyth, M. (2014a): Wie Europa sich kaputtspart. Die gescheiterte Idee der Austeritätspolitik. Bonn: Dietz.

Blyth, M. (2014b): The sovereign debt crisis that isn't: Or, how to turn a lending crisis into a spending crisis and pocket the spread. ACES Cases 2014.1. American Consortium on European Union Studies.

Boin, A., t'Hart, P., Stern, E., Sundenius, B. (2005): The Politics of Crisis Managment: Public Leaders under Pressure. New York: Cambridge University Press.

Bølstad, J., Elhardt, C. (2015): To bail out or not to bail out? Crisis politics, credibility, and default risk in the Eurozone. European Union Politics 16(3). S. 325–346.

Bølstad, J., Elhardt, C. (2018): Capacity, Willingness, and Sovereign Default Risk: Reassuring the Market in Times of Crisis. Journal of Common Market Studis 56(4). S. 802–817.

Bolton, P., Olivier, J. (2011): Sovereign Default Risk and Bank Fragility in Financially Integrated Economies. NBER Working Paper 16899. Cambridge.

Bordo, M. D., Schwartz, A. J. (1996): Why Clashes Between Internal and External Stability Goals End in Currency Crises, 1797–1994. NBER Working Paper 5710. Cambridge.

Boy, N. (2015): Sovereign safety. Security Dialogue 46(6). S. 530–547.

Boyer, R. (2012): The four fallacies of contemporary austerity policies: the lost Keynesian legacy. Cambridge Journal of Economics 36(1). S. 283–312.

Bradley, M., Gulati, M. (2013): Collective Action Clauses for the Eurozone. Review of Finance 18(6). S. 2045–2102.

Brenner, M., Galai, D., Sade, O. (2009): Sovereign debt auctions: Uniform or discriminatory? Journal of Monetary Economics 56(2). S. 267–274.

Bröker, G. (1993): Government securities and debt management in the 1990s. Organisation for Economic Co-operation and Development. Paris.

Broschinski, S., Preunkert, J., Heidenreich, M. (2018): Lohnentwicklungen im öffentlichen Sektor. Ein Brennpunkt europäischer Austeritätspolitik? Österreichische Zeitschrift für Soziologie 43(1), Sonderheft. S. 117–145.

Buiter, W., Rahbari, E. (2012): The European Central Bank as Lender of Last Resort for Sovereigns in the Eurozone. Journal of Common Market Studies 50. S. 6–35.

Carruthers, B. (2005): The Sociology of Money and Credit. In: Smelser, N., Swedberg R. (Hg.): The Handbook of Economic Sociology. Princton: Princton Press. S. 355–378.

Carruthers, B. G. (2013): From uncertainty toward risk: the case of credit ratings. Socio-Economic Review 11(3). S. 525–551.

Carruthers, B. G. (2015): Financialization and the institutional foundations of the new capitalism. Socio-Economic Review 13(2). S. 379–398.

Carruthers, B. G., Ariovich L. (2010): Money and credit: A sociological approach. Cambridge [etc.]: Polity.

Cerny P. G. (1994): The dynamics of financial globalization: Technology, market structure, and policy response. Policy Sciences 27(4). S. 319–342.

Cipollini, A., Coakley J., Lee, H. (2015): The European sovereign debt market: from integration to segmentation. The European Journal of Finance 21(2). S. 111–128.

Claeys, G., Álvaro, L., Mandra A. (2015): European Central Bank Quantitative Easing: The detailed manual. Bruegel Policy Contribution 2015/02. Bruegel.

Clare, A., Schmidlin, N. (2014): The Impact of Foreign Governing Law on European Government Bond Yields. https://papers.ssrn.com/sol3/papers.cfm?abstract_id=2406477 (zuletzt abgerufen 08. Mai 2020)

Cohen, B. (1998): The Geography of Money. Ithaca und London: Cornell University Press.

Copelovitch, M., Frieden, J., Walter S. (2016): The Political Economy of the Euro Crisis. Comparative Political Studies 49(7). S. 811–840.

Crespy, A., Menz, G. (2015): Commission Entrepreneurship and the Debasing of Social Europe Before and After the Eurocrisis. Journal of Common Market Studies 53(4). S. 753–768.

Crotty, J. (2005): The neoliberal paradox: The impact of destructive product market competition and ‚modern' financial markets on nonfinancial corporation performance in the neoliberal era. In: Epstein, G. (Hg.): Financialization and the World Economy. Aldershot: Edward Elgar. S. 77–110.

Crouch, C. (2008): What will follow the demise of privatised Keynesianism. The Political Quarterly 79(4). S. 476–487.

Culipepper, P. D., Reinke, R. (2014): Structural Power and Bank Bailouts in the United Kingdom and the United States. Politics & Society 42(4). S. 427–454.

Currie, E., Dethier, J.-J., Togo, E. (2003): Institutional Arrangements for Public Debt Management. Policy Research Working Paper, Nr. 3012.

Dams, J. (2017): Der große Verlierer beim Griechenland-Durchbruch. www.welt.de/wirtschaft/article163715969/Der-grosse-Verlierer-beim-Griechenland-Durchbruch.html (zuletzt abgerufen am 08. Mai 2020).

Das, U. S., Papaioannou, M. G., Trebesch, C. (2012): Sovereign Debt Restructurings 1950–2010: Literature Survey, Data, and Stylized Facts. IMF Working Paper. WP/12/203. Washington.

De Grauwe, P. (2010): The Fragility of the Eurozone's Institutions. Open Economy Review 21(1). S. 167–174.

De Grauwe, P. (2011): A Fragile Eurozone in Search of a Better Governance. CESifo Working Paper Nr. 3456.

De Grauwe, P. (2013): The European Central Bank as Lender of Last Resort in the Government Bond Markets. CESifo Economic Studies 59(3). S. 520–535.

De Grauwe, P. (2014): Economics of monetary union. Oxford: Oxford University Press.

De Grauwe, P., Ji, Y. (2013): From Panic-Driven Austerity to Symmetric Macroeconomic Policies in the Eurozone. Journal of Common Market Studies 51. S. 31–41.

De Grauwe, P., Ji, Y. (2015): Correcting for the Eurozone Design Failures: The Role of the ECB. Journal of European Integration 37(7). S. 739–754.

Deeg, R., Hardie, I., Maxfield S. (2016): What is patient capital, and where does it exist?. Socio-Economic Review 14(4). S. 615–625.

Deutschmann, C. (2014): The future of the European Union: A ‚Hayekian' regime? European Journal of Social Theory 17(3). S. 343–358.

Dodd, N. (2005): Laundering "money": on the need for conceptual clarity within the sociology of money. European Journal of Sociology 46(3). S. 387–411.

Dore, R. (2008): Financialization of the global economy. Industrial and Corporate Change 17(6). S. 1097–1112.

Dunne, P., Everett, M., Stuart; R. (2015): The Expanded Asset Purchase Programme – What, What and How of Euro Area. Quarterly Bulletin 03/July 15. Bank of Ireland. Dublin. S. 61–71.

Eichengreen, B. J. (2012): European Monetary Integration with Benefit of Hindsight. Journal of Common Market Studies 50(S1). S. 123–136.

Eichengreen, B., Hausmann, R., Panizza, U. (2003): The Pain of Original Sin. https://eml.berkeley.edu/~eichengr/research/ospainaug21-03.pdf (zuletzt abgerufen am 08. Mai 2020)

Elias, N. (1981): Was ist Soziologie? München: Juventus Verlag.

Epstein, G. (2001): Financialization, Rentier Interests, and Central Bank Policy. Amherst, Massachusetts: Department of Economics, University of Massachusetts.

EurActiv (2010a): Greece urged to come up with fiscal plan. In: EurActiv.com www.euractiv.com/section/euro-finance/news/greece-urged-to-come-up-with-fiscal-plan/ (zuletzt abgerufen am 08. Mai 2020).

EurActiv (2010b): Brussels lays down plans for permanent bailout mechanism. In: EurActiv.com www.euractiv.com/section/euro-finance/news/brussels-lays-down-plans-for-permanent-bailout-mechanism/ (zuletzt abgerufen am 08. Mai 2020).

EurActiv (2010c): EU backs Irish bailout, sketches permanent plan. www.euractiv.com/section/euro-finance/news/eu-backs-irish-bailout-sketches-permanent-plan/ (zuletzt abgerufen am 08. Mai 2020).

EurActiv (2010d): EU opts for new bailout system. www.euractiv.com/section/euro-finance/news/eu-opts-for-new-bailout-system/ (zuletzt abgerufen am 08. Mai 2020).

EurActiv (2017a): IMF says EU still needs 'credible' debt relief for Greece. www.euractiv.com/section/economy-jobs/news/imf-says-eu-still-needs-credible-debt-relief-for-greece/ (zuletzt abgerufen am 08. Mai 2020).

EurActiv (2017b): Germany insists on no debt relief, Greece shows how much gold it has. www.euractiv.com/section/economy-jobs/news/germany-insists-on-no-debt-relief-greece-shows-how-much-gold-it-has/ (zuletzt abgerufen am 08. Mai 2020).

Euractiv.com (2020a): German parliament suspends debt brake to fight coronavirus outbreak. In: EurActiv.com. www.euractiv.com/section/economy-jobs/news/german-parliament-suspends-debt-brake-to-fight-coronavirus-outbreak/.(zuletzt abgerufen am 08. Mai 2020).

Euractiv.com (2020b): Germans and Dutch set to block EU 'corona bonds' at video summit. In: EurActiv.com. www.euractiv.com/section/economy-jobs/news/germans-and-dutch-set-to-block-eu-corona-bonds-at-video-summit/. (zuletzt abgerufen am 08. Mai 2020).

Europäische Kommission (2010a): The Economic Adjustment Programme for Greece. Brüssel, Mai 2010.

Europäische Kommission (2010b): The Economic Adjustment Programme for Greece. First Review, Brüssel, Juli 2010.

Europäische Kommission (2010c): The Economic Adjustment Programme for Ireland. Brüssel, Dezember 2010.

Europäische Kommission (2010d): Commission assesses Stability Programme of Greece; makes recommendations to correct the excessive budget deficit, improve competitiveness through structural reforms and provide reliable statistics. IP/10/116, Brüssel.

Europäische Kommission (2011a): The Economic Adjustment Programme for Portugal. Brüssel, Juni 2011.

Europäische Kommission (2011b): The Economic Adjustment Programme for Portugal. Second Review. Brüssel, Dezember 2011.

Europäische Kommission (2011c): The Economic Adjustment Programme for Greece. Fourth Review, Brüssel, Frühling 2011.

Europäische Kommission (2011d): The Economic Adjustment Programme for Ireland. Second Review, Brüssel, Sommer 2011.

Europäische Kommission (2012): The Second Economic Adjustment Programme for Greece. First Review, Brüssel, Dezember 2012.

Europäische Kommission (2013a): The Economic Adjustment Programme for Cyprus. Brüssel, Mai 2013.

Europäische Kommission (2013b): Industrial Relations in Europe 2012. Luxembourg: Publications Office of the European Union.

Europäische Kommission (2013c): The Economic Adjustment Programme for Cyprus. First Review, Brüssel, September 2013.

Europäische Kommission (2013d): The Second Economic Adjustment Programme for Greece. Second Review, Brüssel, Mai 2013.

Europäische Kommission (2014): The Economic Adjustment Programme for Cyprus. Third Review, Brüssel, März 2014.

Europäische Kommission (2019a): Financial assistance to Ireland. https://ec.europa.eu/info/business-economy-euro/economic-and-fiscal-policy-coordination/eu-financial-assistance/which-eu-countries-have-received-assistance/financial-assistance-ireland_en#economicadjustmentprogrammeforireland (zuletzt abgerufen am 08. Mai 2020).

Europäische Kommission (2019b): Financial assistance to Portugal https://ec.europa.eu/info/business-economy-euro/economic-and-fiscal-policy-coordination/eu-financial-assistance/which-eu-countries-have-received-assistance/financial-assistance-portugal_en (zuletzt abgerufen am 08. Mai 2020).

Europäische Kommission (2019c): Financial assistance to Greece https://ec.europa.eu/info/business-economy-euro/economic-and-fiscal-policy-coordination/eu-financial-assistance/which-eu-countries-have-received-assistance/financial-assistance-greece_en#secondeconomicadjustmentprogrammeforgreece (zuletzt abgerufen am 08. Mai 2020).

Europäische Kommission (2019d): Financial assistance to Cyprus https://ec.europa.eu/info/business-economy-euro/economic-and-fiscal-policy-coordination/eu-financial-assistance/which-eu-countries-have-received-assistance/financial-assistance-cyprus_en (zuletzt abgerufen am 08. Mai 2020).
Europäische Zentralbank (2010): Economic and Monetary Developments. Monthly Bulletin. www.ecb.europa.eu/pub/pdf/other/mb201006_focus01.en.pdf?2b5c64d483a41a019fd461f595a36b46 (zuletzt abgerufen am 08. Mai 2020).
Europäische Zentralbank (2013): Details on securities holdings acquired under the Securities Markets Programme. www.ecb.europa.eu/press/pr/date/2013/html/pr130221_1.en.html (zuletzt abgerufen am 8. Mai 2020).
Europäische Zentralbank (2019a): Asset purchase programmes. www.ecb.europa.eu/mopo/implement/omt/html/index.en.html#pspp (zuletzt abgerufen am 8. Mai 2020).
Europäische Zentralbank (2019b): Capital subscription. www.ecb.europa.eu/ecb/orga/capital/html/index.en.html (zuletzt abgerufen am 08. Mai 2020).
Europäischer Gerichtshof (2000): Judgment of the Court of 26 September 2000. Commission of the European Communities v Kingdom of Belgium. Loans issued abroad – Prohibition of acquisition by Belgian residents (Case C-478/98). Luxembourg.
Europäischer Rat (2012a): Conclusions, 13/14 December 2012. CO EUR 19, CONCL 5. Brüssel.
Europäischer Rat (2012b): Conclusions, 18/19 October 2012. CO EUR 15, CONCL 3. Brüssel.
Europäischer Rat (2012c): Conclusions, 28/29 June 2012. CO EUR 4, CONCL 2. Brüssel.
Europäischer Rat (2013a): Conclusions, 24/25 October 2013. CO EUR 13, CONCL 7. Brüssel.
Europäischer Rat (2013b): Conclusions, 27/28 June 2013. CO EUR 9, CONCL 6. Brüssel.
Favero, C., Missale, A. (2012): Sovereign Spreads in the Euro Area: Which Prospects for a Eurobond? Economic Policy 27(70) S. 231–273.
Fligstein, N. (2001): The Architecture of Markets. Princeton: Princeton University Press.
Fligstein, N., McAdam, D. (2012): A Theory of Fields. New York: Oxford University Press.
Flora, P. (2000): Externe Grenzbildung und interne Strukturierung – Europa und seine Nationen Eine Rokkan'sche Forschungsperspektive. Berliner Journal für Soziologie 10(2). S. 151–165.
Fourcade, M. (2007): Theories of Markets and Theories of Society. American Behavioral Scientist 50(8). S. 1015–34.
Fox B. (2020): The Brief – This time, no bazooka is too big. In: EurActiv.com (www.euractiv.com/section/economy-jobs/news/the-brief-this-time-no-bazooka-is-too-big/) (zuletzt abgerufen am 08. Mai 2020).
Frankfurter Allgemeine Zeitung (2020): Neues Zinstief deutscher Staatsanleihen, Frankfurter Allgemeine Zeitung. http://www.faz.net/aktuell/wirtschaft/folgen-des-coronavirus-dax-sinkt-zeitweise-um-4-prozent-16666834.html. (zuletzt abgerufen am 08. Mai 2020).
Froud, J., Nilsson, A., Moran, M., Williams, K. (2012): Stories and Interests in Finance: Agendas of Governance before and after the Financial Crisis. Governance: An International Journal of Policy, Administration, and Institutions 25(1). S. 35–59.
Galati, G., Tsataronis, K. (2003): The impact of the euro on Europe's financial markets. Financial Markets, Institutions & Instruments 12. S. 165–221.
Ganßmann, H. (2015): Renten, Finanzmärkte und Wohlfahrtsstaaten nach der Großen Rezession. In Preunkert, J., Vobruba G. (Hg.): Krise und Integration. Gesellschaftsbildung in der Eurokrise. Wiesbaden: Springer VS. S. 161–182.
Garcia-de-Andoain, C., Heider, F., Hoerova, M., Manganelli, S. (2016): Lending-of-Last-Resort Is as Lending-of-Last-Resort Does: Central Bank Liquidity Provision and Interbank Market Functioning in the Euro Area Journal of Financial Intermediation 28. S. 32–47.
Giddens, A. (1985): The Nation State and Violence. Cambridge: Polity Press.
Giddens, A. (2014): Turbulent and Mighty Continent. What Future for Europe? Cambridge: Polity Press.

Gilbert, E., Helleiner, E. (1999): Introduction: Nation-States and Money: Historical Contexts, Interdisciplinary Perspectives. In: Gilbert, E., Helleiner, E. (Hg.): Nation-States and Money: The Past, Present and Future of National Currencies; London und New York: Routledge. S. 1-21.

Glassner, V., Keune, M. (2012): The crisis and social policy: The role of collective agreements. International Labour Review 151. S. 351-375.

Goodhart, C. A. E. (2006): Replacing the Stability and Growth Pact?. Atlantic Economic Journal 34(3). S. 243-259.

Gottschall, K., Kittel, B., Kendra, B., Heuer, J-O., Hils, S., Streb, S., Tepe, M. (2015): Public Sector Employment Regimes: Transformations of the State as an Employer. Basingstoke: Palgrave Macmillan.

Graeber, D. (2014): Schulden. Die ersten 5000 Jahre. München: Goldmann Verlag.

Grande, E., Kriesi, H. (2015): Die Eurokrise: Ein Quantensprung in der Politisierung des europäischen Integrationsprozesses? Politische Vierteljahresschrift 56(3). S. 479-505.

Grimshaw, D., Rubery, D., Marino, S. (2012): Public sector pay and procurement in Europe during the crisis: The challenges facing local government and the prospects for segmentation, inequalities and social dialogue. Brüssel: Europäische Kommission.

Gros, D. (2011): External versus Domestic Debt in the Euro Crisis. CEPS Policy Brief 243, Centre for European Policy Studies, Brüssel.

Gros, D. (2012): On the Stability of Public Debt in a Monetary Union. Journal of Common Market Studies, 50. S. 36-48.

Habermas, J. (1973): Legitimationsprobleme im Spätkapitalismus. Frankfurt a. M.: Suhrkamp.

Haffert, L. (2016): Die schwarze Null. Über die Schattenseiten ausgeglichener Haushalte. Berlin: Suhrkamp.

Hager, S. B. (2016): Public Debt, Inequality, and Power. The Making of a Modern Debt State. Oakland, California: University of California Press.

Hale, G. (2007): Bonds or Loans? The Effect of Macroeconomic Fundamentals. Economic Journal 117(516). S. 196-215.

Hall, P. A. (2012): The Economics and Politics of the Euro Crisis, German Politics 21(4), S. 355-371.

Hall, P. A. (2014): Varieties of Capitalism and the Euro Crisis. West European Politics 37(6). S. 1223-1243.

Hall, P. A., Soskice, D. (2001): An introduction to varieties of capitalism. In: Hall, P. A., Soskice, D. (Hg.): Varieties of Capitalism. Oxford: Oxford University Press. S. 1-68.

Hall, S., Critcher, C., Jefferson, T., Roberts, B. (1978): Policing the Crisis. Mugging, the State and Law and Order. London: Macmillan.

Hardie, I. (2011): How Much Can Governments Borrow? Financialization and Emerging Markets Government Borrowing Capacity. Review of International Political Economy 18(2). S. 141-167.

Hardie, I. (2012): Financialization and Government Borrowing Capacity in Emerging Markets. Palgrave Macmillan.

Hardie, I., Howarth, D. (2009): Die Krise But Not La Crise? The Financial Crisis and the Transformation of German and French Banking Systems. Journal of Common Market Studies 47(5). S. 1017-1039.

Hardie, I., Howarth, D., Maxfield, S., Verdun, A. (2013): Banks and the False Dichotomy in the Comparative Political Economy of Finance. World Politics 65(4). S. 691-728.

Heidenreich, M. (2016): Introduction: the double dualization of inequality in Europe. In: Heidenreich, M. (Hg.): Exploring Inequality in Europe. Diverging Income and Employment Opportunities in the Crisis. Cheltenham: Edward Elgar. S. 1-21.

Heine, M., Herr, H. (2008): Die Europäische Zentralbank. Eine kritische Einführung in die Strategie und Politik der EZB und die Probleme in der EWU. Marburg: Metropolis.

Helleiner, E. (2003): The making of national money. Territorial currencies in historical perspective. Ithaca: Cornell University Press.

Hirschman, A. O. (1970): Exit, Voice and Loyalty. Responses to Decline in Firms, Organizations and States. Cambridge und Massachusetts: Havard University Press.
Hodson, D. (2014): Eurozone Governance: Recovery, Reticence and Reform. Journal of Common Market Studis 52(S. 1). S. 186–201.
Hodson, D. (2015): Policy-Making under Economic and Monetary Union. Crisis, Change, and Continuity. In Wallace, H., Pollack, M. A., Young, A. R. (Hg.): Policy-Making in the European Union, 7th edition, Oxford: Oxford University Press. S. 263–292.
Höpner, M., Schäfer A. (2010): A New Phase of European Integration: Organised Capitalisms in Post-Ricardian Europe. West European Politics 33(2). S. 344–368.
Howarth, D., Quaglia, L. (2013): Banking Union as Holy Grail: Rebuilding the Single Market in Financial Services, Stabilizing Europe's Banks and 'Completing' Economic and Monetary Union. Journal of Common Market Studies 51(S1). S. 103–123.
Howarth, D., Quaglia, L. (2014): The Steep Road to European Banking Union: Constructing the Single Resolution Mechanism. Journal of Common Market Studies 52(S1). S. 125–140.
Imbusch, P. (2010): Macht und Herrschaft in der wissenschaftlichen Kontroverse. In: Imbusch, P. (Hg.): Macht und Herrschaft. Sozialwissenschaftliche Theorien und Konzeptionen. Wiesbaden: VS Verlag. S. 9–35.
Ingham, G. K. (2004): The nature of money. Cambridge: Polity Press.
Internationale Währungsfonds (2001): International Capital Markets. Developments, Prospects, and Key Policy Issues. International Monetary Fund Publishing. Washington.
Internationale Währungsfonds, Weltbank (2014): Revised Guidelines for Public Debt Management. Bericht. Washington.
Ioannou, C. A. (2013): Greek public service employment relations. A Gordian knot in the era of sovereign default. European Journal of Industrial Relations 19(4). S. 295–308.
Ioannou, C. A. (2016): Greece: Public Service Employment Relations: Adjustments and Reforms. In: Bach, S., Bordogna, L. (Hg.): Public Service Management and Employment Relations in Europe. Emerging from the Crisis. New York und London: Routledge. S. 29–56.
Ioannou, D., Leblond, P., Niemann, A. (2015): European Integration and the Crisis: Practice and Theory. Journal of European Public Policy 22(2). S. 155–176.
Iversen, T., Soskice, D., Hope, D. (2016): The Eurozone and Political Economic Institutions. Annual Review Political Science 19. S. 163–185.
Jones, E., Kelemen, D. R., Meunier, S. (2016): Failing Forward? The Euro Crisis and the Incomplete Nature of European Integration. Comparative Political Studies 49(7). S. 1010–1034.
Kessler, O., Wilhelm, B. (2013): Financialization and the Three Utopias of Shadow Banking. Competition and Change 17(3). S. 248–264.
Koselleck, R. (1982): Krise. In: Brunner O., Conze, W., Koselleck, R. (Hg.): Geschichtliche Grundbegriffe. Stuttgart: Klett-Cotta. S. 617–650.
Kraemer, K. (2012): Ideen, Interessen und Institutionen: Welchen Beitrag kann die Soziologie zur Analyse moderner Finanzmärkte leisten? In: Kraemer, K., Nessel, S. (Hg.): Entfesselte Finanzmärkte. Soziologische Analysen des modernen Kapitalismus. Frankfurt a. M.: Campus. S. 25–62.
Krippner, G. R. (2012): Capitalizing on crisis. The political origins of the rise of finance. Cambridge und Massachusetts: Harvard University Press.
Lagarde C. (2020): Introductory Statement. Press Conference, Frankfurt am Main, 12. März 2020. www.ecb.europa.eu/press/pressconf/2020/html/ecb.is200312~f857a21b6c.en.html. (zuletzt abgerufen am 08. Mai 2020).
Lalioti, V. (2016): The curious case of the guaranteed minimum income (GMI): Highlighting Greek 'exceptionalism' in a Southern European context. Journal of European Social Policy 26(1). S. 80–93.
Lane, P. R. (2006): The real effects of EMU. Journal of Economic Perspectives. S. 47–66.
Lane, P. R. (2012): The European Sovereign Debt Crisis. Journal of Economic Perspectives 26(3). S. 49–68.

Langenohl, A. (2018): Die europäische Schuldenkrise als Schub systemischer Vergesellschaftung: Von Partizipationsversprechen zu Partizipationszwang. In: Beyer, J., Trampusch, C. (Hg.): Finanzialisierung, Demokratie und Gesellschaft. Sonderheft der Kölner Zeitschrift für Soziologie und Sozialpsychologie 58. S. 391–413.

Ledina G., Meunier S. (2013): Time Will Tell: The EFSF, the ESM, and the Euro Crisis. Journal of European Integration 35(3). S. 239–253.

Lemoine, B. (2017): The politics of public debt financialisation: (Re)inventing the market for French Sovereign Bonds and Shaping the Public Debt Problem (1966–2012). In: Buggeln. M., Daunton, M., Nützenadel, A. (Hg.): The Political Economy of Public Finance: Taxation, State Spending and Debtsince the 1970s. Cambridge: CUP. S. 240–261.

Lengfeld, H., Kron, M. (2016): Solidarität mit in Not geratenen Ländern der Europäischen Union: Ergebnisse einer Befragung des Sozio-oekonomischen Panels 2015. DIW Wochenbericht, Nr. 39. Berlin. S. 871–878.

Lengfeld, H., Schmidt, S., Häuberer, J. (2015): Is there a European solidarity? Attitudes towards fiscal assistance for debt-ridden European Union member states. Arbeitsbericht des Instituts für Soziologie Nr. 67, Universität Leipzig. Leipzig.

Lombardi, D., Moschella M. (2016): The government bond buying programmes of the European Central Bank: an analysis of their policy settings, Journal of European Public Policy, 23(6). S. 851–870.

Luccese M., Pianta M. (2020): Coronavirus crisis: major economic and financial consequences. Open democracy. www.opendemocracy.net/en/can-europe-make-it/economic-consequences-coronavirus-major-economic-and-financial-crisis/.(zuletzt abgerufen am 08. Mai 2020).

Luhmann, N. (1994): Die Wirtschaft der Gesellschaft. Frankfurt a. M.: Suhrkamp.

Major, A. (2013): Transnational State. Formation and the global Politics of Austerity. Sociological Theory 31(1). S. 24–48.

Massó, M. (2016): The effect of government debt market financialization: The case of Spain. Competition and Change 20(3). S. 166–186.

Matthijs, M. (2014): Mediterranean Blues: The Crisis in Southern Europe. Journal of Democracy 25(1). S. 101–115.

Matthijs, M. (2016): The Euro's "Winner-Take-All" Political Economy: Institutional Choices, Policy Drift, and Diverging Patterns of Inequality. Politics and Society 44(3). S. 393–422.

Matthijs, M., McNamara, K. (2015): The Euro Crisis' Theory Effect: Northern Saints, Southern Sinners, and the Demise of the Eurobond. Journal of European Integration 37(2). S. 229–245.

Mayntz, R. (2012): Crisis and control: institutional change in financial market regulation. Frankfurt a. M.: Campus.

Memorandum of Understanding (2015): Memorandum of Understanding between the European Commission acting on behalf of the European Stability Mechanism and the Hellenic Republic and the Bank of Greece.

Merler, S., Pisani-Ferry, J. (2011): Who's afraid of Sovereign Bonds? Bruegel Policy Contribution 2012/02. Bruegel.

Mitglieder der Eurozone (2010): Statement on the support to Greece by Euro area Members States MEMO/10/123. Brüssel.

Müller, K. (2002): Globalisierung. Frankfurt a. M.: Campus.

Narr, W.-D., Schubert, A. (1994): Weltökonomie. Die Misere der Politik. Frankfurt a. M.: Suhrkamp.

National Treasury Management Agency (2017): NTMA statement on proposal to seek lender agreement on early repayment of IMF loans and other facilities totalling approx. €5.5bn. www.ntma.ie/news/ntma-statement-on-proposal-to-seek-lender-agreement-on-early-repayment-of-imf-loans-and-other-facilities-totalling-approx-5-5bn (zuletzt abgerufen am 08. Mai 2020).

National Treasury Management Agency (2019): EU and IMF programme. www.ntma.ie/business-areas/funding-and-debt-management/euimf-programme/ (zuletzt abgerufen am 08. Mai 2020).

Nölke, A. (2018): Finanzialisierung und die Entstehung der Eurokrise: Die Perspektive der Vergleichenden Kapitalismusforschung In: Beyer, J., Trampusch, C. (Hg.): Finanzialisierung, Demokratie und Gesellschaft. Sonderheft der Kölner Zeitschrift für Soziologie und Sozialpsychologie 58. S. 439–459.

Nölke, A., Heires, M., Bieling, H.-J. (2013): Editorial: The Politics of Financializaion. Competition and Change 17(3). S. 209–218.

Nollmann, G. (2002): Die Einführung des Euro. Vom Edelmetall zum reinen Beziehungsgeld. Kölner Zeitschrift für Soziologie und Sozialpsychologie 54(2). S. 226–245.

O'Connell, P. (2013): Cautious adjustment in a context of economic collapse: The public sector in the Irish crisis. In: Vaughan-Whitehead, D. (Hg.): Public Sector Shock: The impact of Policy Retrenchment in Europe. Cheltenham, Northampton: Edward Elgar. 337–370.

Offe, C. (2016): Europa in der Falle. Berlin: Suhrkamp.

Organisation für wirtschaftliche Zusammenarbeit und Entwicklung (1982): Government Debt Management. Objectives and Techniques. Volume I. Paris: OECD Publishing.

Organisation für wirtschaftliche Zusammenarbeit und Entwicklung (1983): Government Debt Management. Debt Instruments and Selling Techniques. Volume II. Paris: OECD Publishing.

Organisation für wirtschaftliche Zusammenarbeit und Entwicklung (2000a): Report on Tenth OECD Workshop on Government Securities Markets and Government Debt Management in Emerging Markets, Warsaw, May 29–30. DAFFE/CMF(2000)36, Directorate for Financial, Fiscal and Enterprise Affairs Committee on Financial Markets, OECD, Paris.

Organisation für wirtschaftliche Zusammenarbeit und Entwicklung (2000b): Central Government Debt Statistical Yearbook. Paris: OECD Publishing.

Organisation für wirtschaftliche Zusammenarbeit und Entwicklung (2003): Financial Market Trends. Finance and Investment. No. 84. Paris: OECD Publishing.

Organisation für wirtschaftliche Zusammenarbeit und Entwicklung (2012): OECD Sovereign Borrowing Outlook 2012. Paris: OECD Publishing.

Organisation für wirtschaftliche Zusammenarbeit und Entwicklung (2014). OECD Sovereign Borrowing Outlook 2014. Paris: OECD Publishing.

Pagano M., von Thadden, E.-L. (2004): The European Bond Markets under EMU. Oxford Review Economic Policy 20 (4). S. 531–554.

Palley, T. I. (2007): Financialization: What It Is and Why It Matters. Washington, DC: World Bank.

Pauly, L. (2009): The Old and the New Politics of International Financial Stability. Journal of Common Market Studies 47(5). S. 955–975.

Peters, B. G. (2011): Governance Responses to the Fiscal Crisis – Comparative Perspectives. Public Money Management 31(1). S. 75–80.

Plickert, P. (2015): Wie viel Schulden Griechenland schon erlassen wurden. www.faz.net/aktuell/wirtschaft/konjunktur/griechenland/wie-viel-schulden-griechenland-schon-erlassen-wurden-ein-offener-und-ein-verdeckter-schuldenschnitt-13391476.html (zuletzt abgerufen am 08. Mai 2020).

Polanyi, K. (1997): The Great Transformation. Frankfurt a. M.: Suhrkamp.

Preunkert, J. (2009): Chancen für ein soziales Europa? Die Offene Methode der Koordinierung als neue Regulierungsform. Wiesbaden: VS Verlag für Sozialwissenschaften.

Preunkert, J. (2012): Die europäische Antwort auf die Finanzkrise. Zeitschrift für Politikwissenschaften 22(1). S. 69–94.

Preunkert, J. (2016a): Der Staat und seine Gläubiger – Entwicklungen in der Eurozone. Zeitschrift für Staats- und Europawissenschaften 14. S. 240–260.

Preunkert, J. (2016b): The European integration process and the social consequences of the crisis. In Heidenreich, Martin (Hg.): Inequalities in Europe. Cheltenham: Edward Elgar. S. 220–235.

Preunkert, J. (2017): Financialization of government debt? European government debt management approaches 1980–2007. Competition and Change 21(1). S. 27–44.

Preunkert, J. (2020): Primary Dealer Systems in the European Union. MaxPo Discussion Paper 20/1. Max Planck Sciences Po Center on Coping with Instability in Market Societies, Paris.

Preunkert, J., Vobruba, G. (2012): Die Eurokrise – Konsequenzen der defizitären Institutionalisierung der gemeinsamen Währung. In: Kraemer, K., Nessel, S. (Hg.): Entfesselte Finanzmärkte. Soziologische Analysen des modernen Kapitalismus. Frankfurt a. M.: Campus. S. 201–224.

Rato, H. (2013): Portugal: Structural reforms interrupted by austerity. In: Vaughan-Whitehead, D. (Hg.): Public Sector Shock: The impact of Policy Retrenchment in Europe. Cheltenham, Northampton: Edward Elgar. S. 411–448.

Rauh, C., Zürn, M. (2014): Zur Politisierung der EU in der Krise. In: Heidenreich, M. (Hg.): Krise der europäischen Vergesellschaftung?. Wiesbaden: VS Verlag. S. 121–145.

Reinhart, C. M., Rogoff, K. S. (2013): Diese Mal ist alles anders. Acht Jahrhunderte Finanzkrisen. München: FinanzBuch.

Reinhart, C. M., Sbrancia, M. B. (2011): The Liquidation of Goverment Debt. NBER Working Paper Series 16893, Cambridge.

Rokkan, S. (2000): Staat, Nation und Demokratie in Europa. Frankfurt a. M.: Suhrkamp.

Roos, J. (2019): Why not default? The Political Economy of Sovereign Debt. New Jersey: Princeton Press.

Rossi, S. (2013): Financialisation and monetary union in Europe: the monetary-structural causes of the euro-area crisis. Cambridge Journal of Regions, Economy and Society 6(3). S. 381–400.

Rudolph, T. J. (2003): Who's responsible for the economy? The formation and consequences of responsibility attributions. American Journal of Political Science. S. 698–713.

Sachverständigenrat zur Begutachtung der gesamtwirtschaftlichen Entwicklung (2010): Chancen für einen stabilen Aufschwung. Jahresgutachten 2010/2011. Wiesbaden: Statist. Bundesamt.

Sachverständigenrat zur Begutachtung der gesamtwirtschaftlichen Entwicklung (2011): Verantwortung für Europa wahrnehmen. Jahresgutachten 2011/2012. Wiesbaden: Statist. Bundesamt.

Sahr, A. (2017): Keystroke-Kapitalismus. Ungleichheit auf Knopfdruck. Hamburg: Hamburger Edition.

Salines, M., Glöckler, G., Truchlewski, Z. (2012): Existential crisis, incremental response: the eurozone's dual institutional evolution 2007–2011. Journal of European Public Policy 19(5). S. 665–681.

Saurugger, S. (2016): Sociological Approaches to the European Union in Times of Turmoil. Journal of Common Market Studies 54(1). S. 70–86.

Scharpf, F. (2014): The costs of non-disintegration: The case of the European monetary union. In: Eppler, A., Scheller, H. (Hg.): Zur Konzeptualisierung europäischer Desintegration: Zug und Gegenkräfte im europäischen Integrationsprozess. Baden-Baden: Nomos. S. 165–184.

Schimank, U. (2009): Die Moderne: eine funktional differenzierte kapitalistische Gesellschaft. Berliner Journal für Soziologie 19(3). S. 327–351.

Schulten, T., Müller, T. (2013): Ein neuer europäischer Interventionismus? Die Auswirkungen des neuen Systems der europäischen Economic Governance auf Löhne und Tarifpolitik. Wirtschaft und Gesellschaft 39(3). S. 291–322.

Schulten, T., Müller, T. (2015): European economic governance and its intervention in national wage development and collective bargaining. In: Lehndorff, S. (Hg.): Divisive integration. The triumph of failed ideas in Europe – revisited. Brüssel: European Trade Union Institute. S. 331–363.

Simmel, G. (1992): Soziologie. Untersuchungen über die Formen der Vergesellschaftung. Gesamtausgabe Band II. Frankfurt a. M.: Suhrkamp.

Sofsky, W., Paris R. (2016): Figurationen sozialer Macht. Autorität, Stellvertretung, Koalition. Frankfurt a. M.: Suhrkamp.

Stearns, L. Brewster, M., Mark, S. (2005): Banking and Financial Markets. In: Smelser, N. J., Swedberg, R. (Hg.): The Handbook of Economic Sociology, Second Edition. Princton: Princeton University Press. S. 284–306.

Steinberg, F., Vermeiren, M. (2016): Germany's Institutional Power and the EMU Regime after the Crisis: Towards a Germanized Euro Area? Journal of Common Market Studies 54(2). S. 388–407.

Streeck, W. (2013): Gekaufte Zeit. Die vertagte Krise des demokratischen Kapitalismus. Frankfurt a. M.: Suhrkamp.

Tanaka, M. (2006): Bank loans versus bond finance: Implications for sovereign debtors. The Economic Journal 116(510). S. 149–171.

Taylor P. (2020): Lagarde's corona blunder. ECB chief flunks on her strongest suit – communication. Politico. www.politico.eu/article/christine-lagarde-corona-blunder-ecb/. (zuletzt abgerufen am 08. Mai 2020).

Torres, F. (2013): The EMU's Legitimacy and the ECB as a Strategic Political Player in the Crisis Context, Journal of European Integration 35(3). S. 287–300.

Trampusch, C. (2015): The financialisation of sovereign debt: An institutional analysis of the reforms in German public debt management. German Politics 24(2). S. 119–136.

Trampusch, C. (2019): The financialization of the state: Government debt management reforms in New Zealand and Ireland. Competition and Change 23(1). S. 3–22.

Tzannatos, Z., Monogios Y. (2013): Public Sector adjustment amidst structural adjustment in Greece: Subordinate, spasmodic and sporadic. In: Vaughan-Whitehead, D. (Hg.): Public Sector Shock: The impact of Policy Retrenchment in Europe. Cheltenham und Northampton: Edward Elgar. S. 259–299.

Uzzi, B. (1999): Embeddedness in the Making of Financial Capital: How Social Relations and Networks Benefit Firms Seeking Financing. American Sociological Review 64(4). S. 481–505.

van der Zwan, N. (2014): State of the art. Making sense of financialization. Socio-Economic Review 12(1). S. 99–129.

Vaughan-Whitehead, D. (2013): Public Sector Shock: The impact of Policy Retrenchment in Europe. Cheltenham und Northampton: Edward Elgar.

Vines, D. (2015): Impossible Macroeconomic Trinity: The Challenge to Economic Governance in the Eurozone. Journal of European Integration 37(7). S. 861–874.

Vobruba, G. (1992): Eigennützige Hilfe – Nachholende Modernisierungsprozesse und Interessenverflechtungen zwischen Ost und West. In: Nissen, S. (Hg.): Modernisierung nach dem Sozialismus. Marburg: Metropolis. S. 183–198.

Vobruba, G. (2012): Kein Gleichgewicht. Die Ökonomie in der Krise. Weinheim und Basel: Beltz Junventa.

Vobruba, G. (2015a): Eurokrise und Gesellschaftsbildung. In: Preunkert, J., Vobruba G. (Hg.): Krise und Integration. Gesellschaftsbildung in der Eurokrise. Wiesbaden: VS Verlag. S. 219–234.

Vobruba, G. (2015b): Währung und Konflikt: Ambivalenzen der Eurokrise. In: Kraemer K., Nessel, S. (Hg.): Geld und Krise – Die sozialen Grundlagen moderner Geldordnungen. Frankfurt a. M.: Campus. S. 221–240.

Weatherford, S. M. (1984): Economic 'stagflation' and public support for the political system. British Journal of Political Science 14(2). S. 187–205.

Weber, M. (1972): Wirtschaft und Gesellschaft. Tübingen: Mohr Siebeck.

Wolswijk, G., de Haan, J. (2005): Government Debt Management in the Euro Area. Recent theoretical developments and changes in practices. Europäische Zentralbank Occasional Paper Series, Nr. 25.

Zettelmeyer, J., Trebesch, C., Gulati, M. (2013): The Greek Debt Restructuring: An Autopsy. Working Paper Series WP 13-8.

Zirra, S., Preunkert, J. (2009): Europeanization of Domestic Employment and Welfare Regimes: The German, French and Italian Experiences. In: Heidenreich, M., Zeitlin, J. (Hg.): Changing European Employment and Welfare Regimes: The Influence of the OMC on National Labour Market and Social Welfare Reforms. London: Routledge. S. 192–213.

Zürn, M. (1998): Regieren jenseits des Nationalstaates. Frankfurt a. M.: Suhrkamp.

Zysman J. (1983): Governments, Markets, and Growth: Financial Systems and Politics of Industrial Changes. Ithaca: Cornell University Press.